VERSENKT IM PAZIFIK

SCHIFFSFRIEDHOF GUADALCANAL

VERSENKT IM PAZIFIK

SCHIFFSFRIEDHOF GUADALCANAL

ROBERT D. BALLARD

MIT RICK ARCHBOLD

Zeitgenössische Fotografien von Michael McCoy
Unterwassergemälde von Ken Marschall
Technische und historische Beratung
durch Richard B. Frank
und Charles Haberlein Jr.

Ein Madison Press Buch
produziert für

ULLSTEIN

© 1993 Madison Publishing Inc., Copyright für Design und Zusammenstellung
© 1993 Odyssey Corporation und Rick Archbold. Copyright für den Text
© 1993 der deutschen Ausgabe: Verlag Ullstein GmbH – Berlin – Frankfurt/Main
Titel der Originalausgabe: The Lost Ships of Guadalcanal, erschienen bei Warner Books Inc., New York.
Deutsche Übersetzung: Uwe D. Minge
Satz: Fotosatz-Service Weihrauch, Würzburg
Alle Rechte vorbehalten
ISBN 3 350 06834 4

Printed in Italy 1993

Die Deutsche Bibliothek – CIP-Einheitsaufnahme

Ballard, Robert D.:
Versenkt im Pazifik : Schiffsfriedhof Guadalcanal / Robert D. Ballard. Mit Rick Archbold. Photogr. von Michael McCoy. Unterwasserbilder von Ken Marschall. [Dt. Übers.: Uwe D. Minge]. – Berlin ; Frankfurt/Main : Ullstein, 1993
Einheitssacht.: The lost ships of Guadalcanal <dt.>
ISBN 3-550-06834-4

(Seite 1) *Das Abzeichen der 1. Marinedivision erinnert an den größten Sieg der Einheit: Guadalcanal zusammen mit dem Kreuz des Südens.*

(Seiten 2–3) *Brandung über Wrackteilen am Strand von Guadalcanal.*

(Unten) *Unter den Explosionswolken der Flak quert ein amerikanischer Zerstörer den Eisensund am Invasionstag.*

(Seiten 6–7) *Das U-Boot* Sea Cliff *strahlt ein mit Seeanemonen bewachsenes Kanonenrohr der* Canberra *an.*

(Seiten 8–9) *Der amerikanische Schlachtenmaler Dwight Shepler malte dieses Aquarell eines Artilleriebeobachtungspostens.*

INHALT

Für Chester P. Ballard, Harry W. Earle Jr., und John A. Earle,
die die ganze Härte der Kriegsjahre erfuhren,
und für alle Männer und Frauen,
die den Zweiten Weltkrieg miterlebt haben.

KAPITEL EINS

RÜCKKEHR NACH GUADALCANAL

25. Juli 1992

Während sich das Flugzeug in die Kurve legte, schaute ich aus dem Fenster auf eine Idylle aus glitzerndem blauem Wasser und zerklüfteten grünen Inseln, die von weißen Stränden und Korallenriffen eingerahmt wurden. Ich mußte fast zwangsläufig an das geheimnisvolle Land Bali Hai aus dem Musical *SOUTH PACIFIC* denken, einen Ort, an dem man seine Sorgen und Kümmernisse vergessen konnte.

Aber man kam nicht nach Guadalcanal, um zu vergessen, sondern um sich zu erinnern. Hier war einer der dra-

(Links) Kap Esperance im Westen Guadalcanals, wo die Japaner einst ihre Truppen anlandeten.
(Oben) Ein amerikanischer Tank rostet im Dschungel von Guadalcanal.

matischsten Feldzüge des Zweiten Weltkriegs geführt worden, als das Ringen um die Vorherrschaft im Pazifik auf des Messers Schneide stand. Ich blickte aus dem Fenster und stellte mir vor, daß ich durch die trügerische Wasseroberfläche auf den Schiffsfriedhof dort unten blicken konnte, die letzte Ruhestätte von nahezu 50 Schiffen, die diesem Gewässer einen neuen Namen gegeben hatten: **Eisensund.**

Guadalcanal verliert schnell einiges vom Glanz seiner Postkartenschönheit, wenn man von seiner Geschichte während des Krieges erfährt. 1942 war der Eisensund eine Falle mit zwei Eingängen für japanische und alliierte Schiffe. Der gefräßige Schlund der Falle öffnete sich nach Westen, wo von der wilden, fast menschenleeren Insel Savo aus die beiden Hauptansteuerungen bewacht werden konnten – die unumgänglichen Angriffsrouten. Savos auffälliger vulkanischer Kegel hatte eine so unverwechselbare Kontur, daß die japanischen, amerikanischen und australischen Seeleute, die in diesen Gewäs-

sern gekämpft hatten, sich ihrer ganz deutlich erinnerten. Besonders unvergeßlich ist der Anblick, wenn sie aus einer Regenbö auftaucht oder im silbrigen Mondlicht badet. Unweit ihrer Strände waren einige der blutigsten und entscheidenden Seeschlachten ausgefochten worden, fast immer nachts.

Als ich über Guadalcanal und die Schiffe in seiner Nähe nachzudenken begann, wußte ich nur wenig über die bedeutsamen Ereignisse, die hier stattgefunden hatten. Ich wuchs als Junge gleich nach dem Krieg in der Marinestadt San Diego, Kalifornien, auf. Ich hörte viele Geschichten über die großen Schlachten im Pazifik. Aber am stärksten wurde meine jugendliche Vorstellung von Guadalcanal vom Kino und vom Fernsehen geprägt. Die Filme – zusammen mit der späteren Fernsehserie *DIE SCHWARZEN SCHAFE,* in der Robert Conrad einen verwegenen Jagdflieger verkörperte, – vermittelten mir den Eindruck, als sei um Guadalcanal in erster Linie zu Land und in der Luft gekämpft worden. Schiffe und See-

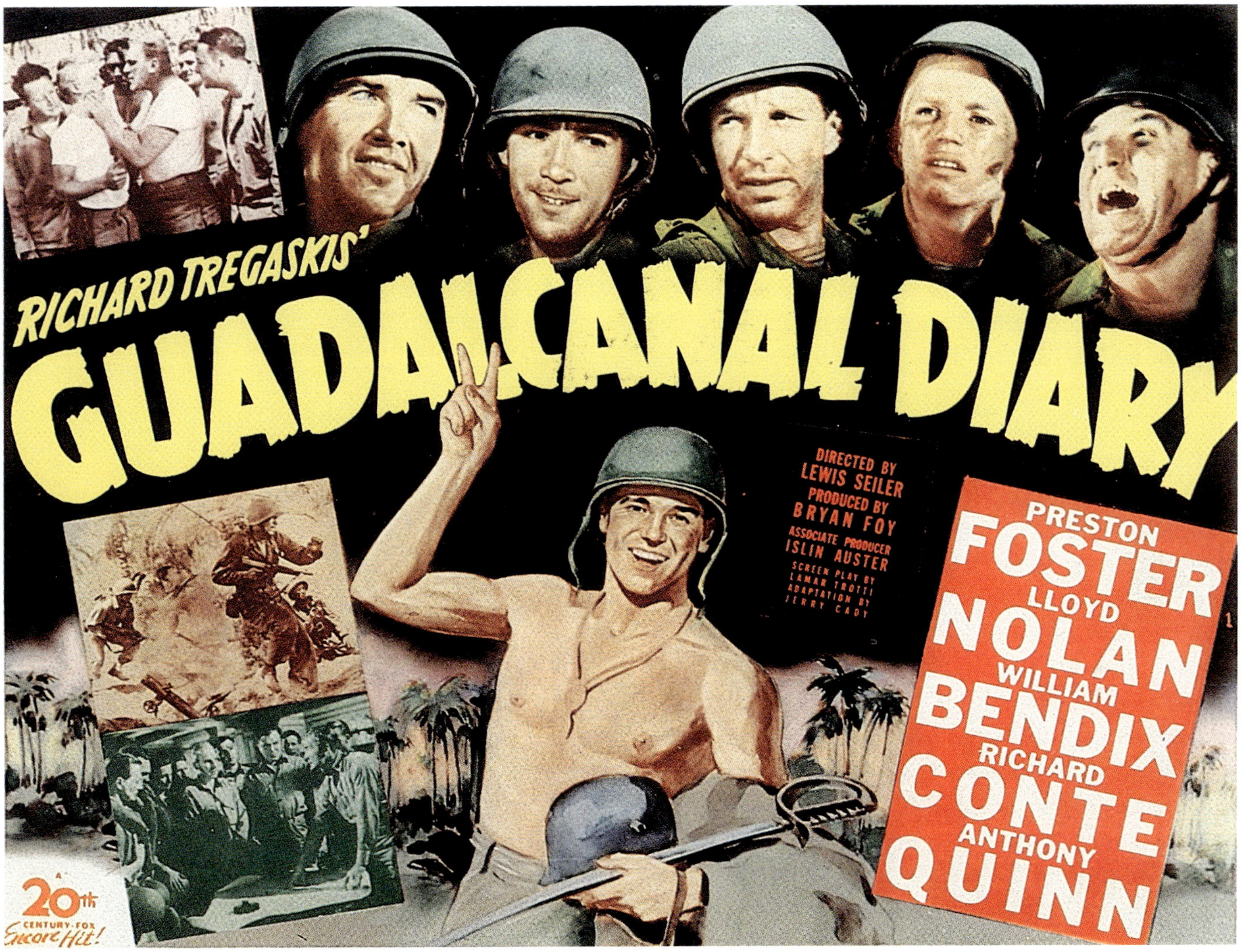

(Seite 12) Guadalcanals Hügel ragen durch die Wolken. (Oben und links) Die Schlacht um Guadalcanal ist eine der am häufigsten dokumentierten des Zweiten Weltkriegs.

leute waren nur selten zu sehen. Tatsächlich starben mehr Amerikaner in den Gewässern um Guadalcanal als an Land.

Ohne die Rolle der Land- und Luftkämpfe abwerten zu wollen, ist die Schlacht um Guadalcanal doch eigentlich die Geschichte von Seeleuten und Kriegsschiffen, von unbesonnenen und zögerlichen Admiralen, von individuellem Heldentum und Mitleid, vom erschreckenden Chaos einer nächtlichen Seeschlacht, vom unvergleichlichen Horror der in einem zusammengeschossenen brennenden Schiff Eingeschlossenen. Es ist eines der großen Seekriegsereignisse unserer Zeit.

Während unser Flugzeug an Höhe zu verlieren begann, drückte ich meiner Frau die Hand. Wie zahllose Amerikaner und Japaner verband Barbara mit dieser schönen Tropeninsel persönliche Gefühle. Ihr Onkel, John Earle, war Operationsoffizier bei einer Heeresfliegerabteilung auf Henderson Field, als es später im Krieg ein sicherer Bereitstellungsraum für die alliierte Offensive geworden war. Im Januar 1944 verschwand das Flugzeug, das ihn zu einem wohlverdienten Urlaub nach Neuseeland bringen sollte. Viele Monate lang weigerte sich seine junge Frau zu glauben, daß er tot war, aber es kam kein Lebenszeichen mehr.

Für jeden, der einen Verwandten oder Freund hat, der dort kämpfte, beschwört Guadalcanal den ganzen Schrecken des pazifischen Krieges herauf – oder auch Gefühle des Stolzes. Nach Meinung vieler Historiker erlebte hier dieser Krieg seine kritischste Phase. Die Schlacht bei Midway im Juni 1942 war der erste klare amerikanische Sieg, zumal er gegen eine überlegene japanische Streitmacht und zu einer Zeit erzielt wurde, da die Legionen Tennos unaufhaltsam schienen. Es war Guadalcanal, wo die beiden Riesen sich auf einen gigantischen Schlagabtausch einließen, der sich schließlich als der Wendepunkt des pazifischen Krieges erwies. Es gab nach Guadalcanal keine erfolgreiche japanische Offensive mehr im Pazifik und keinen amerikanischen Rückzug. Der Fall von Guadalcanal öffnete den Weg nach Tokio. Es ist nicht abzuschätzen, wieviel länger der Krieg gedauert und wieviel mehr Opfer er auf beiden Seiten gekostet hätte, wenn die Japaner diese kritische Runde für sich entschieden hätten.

Alles begann mit einem Feldflugplatz – demselben Flugplatz, den unser Flugzeug nun ansteuerte. Trotz der Niederlage bei Midway blieben die Japaner höchst zuversichtlich. In den ersten sechs Kriegsmonaten hatten sie ein riesiges Gebiet erobert, welches Französisch-Indochina, die Philippinen und Niederländisch-Ostindien umfaßte. Jetzt peilten sie Papua an, den von Australien kontrollierten Teil Neuguineas, und vielleicht sogar Australien selbst. Guadalcanal lag am äußersten südöstlichen Rand des japanischen Herrschaftsbereichs im Pazifik. Im späten Juni 1942 landeten japanische Bautruppen mit schwerem Gerät an der Nordküste der Insel in der Nähe von Lunga Point und begannen einen Feldflugplatz zu errichten. Er sollte als vorgeschobene Basis dienen, um die westliche Flanke des südöstlichen Vorstoßes durch Papua zu sichern und um die U.S.-Stützpunkte bis nach Neukaledonien zu bedrohen.

Als die Amerikaner von den Unternehmungen der Japaner erfuhren, erhielt ihr Plan, die östlichen Salomonen als erstes Sprungbrett für ihre Offensive im pazifischen Krieg zu benutzen, zusätzliches Gewicht. Der Plan mit dem Codenamen »Watchtower« war die Kopfgeburt des kantigen Oberbefehlshabers der U.S.-Flotte Admiral Ernest J. King, Chef der Marineoperationen. Er wollte so

(Links) Heute ist Henderson Field der Flugplatz von Honiara, Guadalcanals Hauptstadt. (Rechts) Vor 50 Jahren wurde es von der »Pagode« dominiert, einem japanischen Haus, das als amerikanisches Hauptquartier diente. (Unten) Ein Jet schwebt vor dem alten Tower ein.

einer Insel machte, deren Namen nur wenige vorher gehört hatten. In den folgenden sechs Monaten voller Kämpfe bekam das Flugfeld die Bedeutung einer Schachfigur, um die zwei große Militärmächte mit unglaublichem Aufwand kämpften. Je länger das Ringen dauerte und je höher der Einsatz beider Seiten, desto wertvoller wurde der Preis. Es begann mit einem Bauernopfer und endete mit dem Kampf um den König.

Guadalcanal wurde zur Generalprobe für das anschließende amerikanische Inselspringen. Hier erlernten die Amerikaner eine neue Art der Kriegsführung, bei der die komplexe Koordination von Schiffen, Flugzeugen und Truppen unter zeitweise alptraumhaften Umständen zu leisten war. Für die Seeleute, die in glühenden Schiffen eingeschlossen waren, für die Piloten, die aus brennenden Jägern absprangen, tagelang in von Haien verpesteten Gewässern trieben und mit Hitzschlag und Hunger kämpften, für die Infanteristen, die Mann gegen Mann im malariaverseuchten Dschungel rangen, war dieser Krieg die Hölle. Er wurde noch teuflischer durch die furchtbaren strategischen Fehler und die falschen taktischen Entscheidungen auf beiden Seiten. Was mich wirklich überraschte, nachdem ich viele historische Details kennengelernt hatte, waren die schweren Rückschläge der Amerikaner – die fabelhafte Marineinfanterie und die stolze Marine, wie oft standen sie davor, alles zu verlieren.

Aber die Vereinigten Staaten hielten durch und vertrieben die Japaner von Guadalcanal. Und es war die Marine, die das schließlich möglich machte, auch wenn die Marines zeitweise das Gefühl hatten, daß die Admirale sie aufgegeben hätten, man sie auf dieser gottverlassenen Insel verhungern oder massakrieren lassen würde. Die Kriegsgeschichte von Guadalcanal wird nicht von einem einzelnen Schiff oder einer einzelnen Schlacht beherrscht. Es ist die Geschichte einer ganzen Serie von Schlachten und Scharmützeln, die sich über mehrere Monate hinzog. Zwei der Seeschlachten übertrafen die anderen. Die erste wurde in der Nacht vom 8. zum 9. August geschlagen und ist die demütigendste Niederlage, die die amerikanische Marine je erlitten hat. Eine Flotte, die kampfbereit sein sollte, wurde von einem unterlegenen Angreifer geschlagen, der faktisch unversehrt entkam, nachdem er vier schwere Kreuzer versenkt hatte. Es dauerte lange, bevor man der Heimat den ganzen Umfang der Niederlage eingestand, die als Seeschlacht von Savo Island bekannt wurde. Die Historiker sind noch immer mit der Schuldzuweisung beschäftigt.

rasch wie möglich zum Angriff übergehen. In Kings Augen war die Einnahme Guadalcanals der erste Schritt zur Rückeroberung der japanischen Gebietsgewinne im Pazifik. Nach seinem großen Plan stellte es den Aufmarschraum dar für einen alliierten Vorstoß entlang der Inselkette der Salomonen bis in den Bismarckarchipel und schließlich auf den mächtigen japanischen Stützpunkt Rabaul, New Britain. Die Neuigkeit vom Aufbau eines japanischen Flugplatzes machte seinen Plan nur dringlicher. Dieser mußte genommen werden, bevor dort feindliche Flugzeuge landen konnten.

So kam es, daß sich Ende Juli eine alliierte Armada südlich von Fidji versammelte und sich auf den Weg zu

(Oben) Nachdem Guadalcanal erobert war, bezeugten U.S.-Schiffe den Gefallenen ihren Respekt, indem sie beim Queren des Eisensunds S-Kurven fuhren. (Links) Die heute ruhigen Gewässer vor Savo. (Seite 16) Rostige Überreste am Strand.

Savo Island war ein schwerer Schlag für den Stolz der amerikanischen Marine, aber strategisch nicht entscheidend. Die folgende Seeschlacht um Guadalcanal – genauer gesagt war es eine Serie von Gefechten, darunter zwei große nächtliche Schlachten, die zwischen dem 12. und 15. November 1942 stattfanden – war die Wegscheide. Zu dieser Zeit hatten die amerikanischen Einheiten auf Guadalcanal drei heftige japanische Offensiven überlebt, wenn auch knapp. Sie bereiteten sich auf die vierte vor, die die stärkste von allen werden sollte. Die erste nächtliche Schlacht wurde in den frühen Stunden des 13. Novembers geschlagen. Sie glich eher einem chaotischen Gemetzel aus den Zeiten der Segelkriegsschiffe als

einem modernen Seegefecht. Zwei amerikanische Admirale waren gefallen, und ein japanischer Admiral hatte sowohl sein Flaggschiff als auch seinen guten Ruf verloren. Die zweite nächtliche Schlacht fand in der Nacht vom 14. zum 15. November statt. Es war eines der letzten direkten Gefechte zwischen den bald obsoleten maritimen Dinosauriern, den Schlachtschiffen. In den Seeschlachten um Guadalcanal erlitten beide Seiten schwere Verluste. Aber die Versuche, die japanischen Truppen auf der Insel zu verstärken, wurden größtenteils unterbunden, ihre Flotte geschwächt. Am Ende erwies sich, daß die Serie der Seegefechte die kritische Episode des sechsmonatigen Kampfes gewesen war.

Im Bewußtsein dieser komplexen Geschichte war mir klar, daß Guadalcanal anders als jede bisherige Expedition sein würde. Ich suchte nicht nach einem Schiff, sondern nach vielen. Ich erforschte kein einzelnes Wrack, sondern ein ganzes Schlachtfeld. Die Herausforderung für mein Team bestand darin, die japanischen und alliierten Schiffe aufzuspüren, die eine wichtige historische Rolle gespielt hatten.

Während das Fahrwerk unseres Flugzeugs ausfuhr, bedachte ich die bevorstehende Aufgabe. Vor knapp zwölf Monaten, im Frühjahr 1991, hatte unsere vorbereitende Expedition zehn Wracks im Eisensund geortet. Da wir mit einem knappen Budget und einem einfachen Sonar arbeiteten, war es uns nicht möglich gewesen, alle entdeckten Schiffe genau zu identifizieren. Jetzt kehrten

wir dank der Hilfe der U.S.-Navy mit hervorragender Ausrüstung zurück. Das U-Boot *Sea Cliff* war ein Bruder der *Alvin,* mit der ich zur *Titanic* abgetaucht war, und *Scorpio* war eine ferngelenkte Kameraplattform, die ich für die Tiefseeforschung entwickelt hatte. Wir hofften, daß wir ausgezeichnetes Foto- und Videomaterial der Wracks nach Hause bringen konnten – wenn wir in der kurzen zur Verfügung stehenden Zeit die Schiffe finden würden, die jede Phase der wichtigsten Schlachten repräsentierten.

Beim Landeanflug sah ich den sanften Umriß des Bloody Ridge, wo Mitte September 1942 die Marines dem ersten – und beinahe erfolgreichen – Großangriff der Japaner standgehalten hatten. Im vergangenen Jahr hatte ich die Hügelkette erklommen und war enttäuscht

(Seite 18 und oben) Die Überbleibsel des Krieges sind allgegenwärtig. (Unten) Das moderne australische Kriegsschiff Canberra *nähert sich Savo; hier wurde sein Namensvetter vor 50 Jahren versenkt.*

von dem schäbigen amerikanischen Denkmal, das an die tapferen jungen Männer erinnerte, die dort gefallen waren. Es stand in schmerzhaftem Kontrast zum glänzenden japanischen Ehrenmal. In diesem Jahr – die Landung jährt sich zum fünfzigsten Mal – werden die Vereinigten Staaten ein neues Denkmal für alle gefallenen Soldaten, Seeleute und Flieger einweihen. Aus diesem Grund haben sich viele Hundert Veteranen entschieden, an den Ort zurückzukehren, den die Japaner Hungerinsel und die Amis schlicht Canal nannten. Zwei dieser Männer waren in unserem Flugzeug.

Ich hatte kurz nach dem Start mit ihnen gesprochen. Sie waren höflich und freundlich und verrieten keine Spur von den komplexen Gefühlen, die sie bewegen mußten. Dr. James Cashman war Bordarzt auf dem Zerstörer *Cushing* gewesen, der in der Nacht des 13. November während der ersten Phase der Seeschlacht um Guadalcanal sank. Eine gegnerische Granate tötete fast alle Männer in der Messe, wo er die Verwundeten versorgte. Er überlebte mit ein paar Kratzern und arbeitete weiter, bis der Kapitän das Verlassen des Schiffes befahl. Stewart Moredock, jetzt emeritierter Mathematikprofessor, war während der ersten nächtlichen Schlacht Konteradmiral Scotts junger Operationsoffizier an Bord der *Atlanta.* Moredock stand nur ein paar Meter entfernt, als der Admiral seinen letzten Schritt machte. Nahezu 50 Jahre lang hatte er diese Erinnerung verdrängt. Jetzt kehrten Cashman und Moredock zurück.

Mit anderen Flügen waren zwei weitere Überlebende angekommen: Bert Warne, Matrose auf dem schweren australischen Kreuzer *Canberra,* der vor Savo versenkt worden war, und Mishiharu Shinya, Torpedooffizier des japanischen Zerstörers *Akatsuki,* der am damaligen 13. November in den Fluten verschwand.

Als das Flugzeug gelandet war und auf das Flughafengebäude zurollte, versuchte ich mich in die Haut von Cashman und Moredock zu versetzen. Bereuten sie die Entscheidung, an den Ort ihrer Alpträume zurückzukehren? Aber es war Zeit, nach dem Handgepäck zu greifen und auszusteigen. Kaum hatten Barbara und ich uns aus der Luke gequetscht, als uns die heiße Faust der feuchten Luft packte und sofort das moderne Guadalcanal mit dem historischen verschmolz. Das war der Ort, über den ein unbekannter Dichter geschrieben hatte: »Bete für deinen Freund auf Guadalcanal. / Er braucht Gottes Hilfe, soviel ist gewiß.«

DER JAPANISCHE VORMARSCH

*Im August 1942 hatten
die Japaner den Zenit
ihrer Macht erreicht.*

Die japanischen Strategen selbst waren über die Schnelligkeit und Leichtigkeit ihres Vormarschs erstaunt. Unmittelbar nach dem Angriff auf Pearl Harbour stießen ihre Armeen an mehreren Fronten in Südostasien und in den südwestlichen Pazifik vor. Trotz rechtzeitiger Warnungen erwischte es General MacArthur in Manila kalt, wurde seine Luftwaffe auf dem Boden zerstört. Die Philippinen waren verteidigungsunfähig geworden. Mitte Februar fiel die als uneinnehmbar geltende britische Festung Singapur mit 140.000 Mann Besatzung. Die Historiker nannten es »die größte militärische Niederlage der britischen Geschichte«. Inzwischen leisteten alliierte Marineeinheiten (Holländer, Amerikaner, Briten) wirkungslos Widerstand gegen die amphibischen Landungen, durch die Niederländisch-Ostindien überrollt wurde. Die dringend benötigten Ölvorkommen fielen in japanische Hände. Das letzte Aufbäumen der Alliierten anläßlich der Schlacht in der Javasee endete kläglich. Im März 1942 waren Japans Eroberungsträume fast Wirklichkeit geworden: eine sich selbst versorgende Großostasiatische Wohlstandssphäre, die ganz Südostasien und die westpazifischen Kolonien Frankreichs, Hollands und Englands umfaßte. Anstatt einzuhalten und den Gewinn zu konsolidieren, marschierten die Japaner weiter, benebelt von der »Siegeskrankheit«. Kaiser Hirohito kommentierte es so: »Die Früchte des Sieges fallen uns zu leicht in den Schoß.«

Die japanische Attacke auf Pearl Harbour war nur einer der Blitzangriffe, der die Alliierten überraschte.

(Oben) Die Truppen des Kaisers gehen in Niederländisch-Ostindien an Land. Danach folgte der Vorstoß über die Malaiische Halbinsel und der Fall von Singapur (unten), Britanniens »unbezwingbarer Festung«.

DAS REICH DER AUFGEHENDEN SONNE

Am 7. August 1942 erstreckte sich das Japanische Reich von Burma im Westen über den Pazifik bis nach Alaska zu den Aleuten. Überrascht vom eigenen Erfolg, versuchten die Japaner verzweifelt, ihre Eroberungen zu sichern. Der im Bau befindliche Flugplatz auf Guadalcanal war der südöstlichste Vorposten.

Sowjetunion

Aleuten

Japan

China

Indien

Midway

Burma

Indochina

Philippinen

Hawaii

malaiische Halbinsel

Singapur

Niederländisch-Ostindien

Neuguinea

Salomonen

Guadalcanal

Australien

Neuseeland

(Links) Von Burma aus bedrohten die Japaner Indien. (Rechts) Die Schlacht bei Midway im Juni 1942 bedeutete einen ernsten Rückschlag für die Japaner, die u. a. vier große Träger verloren.

DAS VERLORENE PARADIES

Die Bewohner der Salomonen fanden sich in einem Weltkrieg wieder.

Am 3. Mai 1942, als japanische Truppen auf Tulagi landeten, wurden die östlichen Salomonen Teil der Großostasiatischen Wohlstandssphäre. Die neuen Untertanen waren fast ausschließlich Melanesier, die diese entlegene Ecke des Pazifiks schon bewohnt hatten, bevor der Entdecker

(Rechts) Japanische Truppen landen auf Buka Island (nordwestliche Salomonen) am 8. März 1942.

Don Alvaro Mendano auf den Archipel stieß und ihn für Spanien beanspruchte. Die Melanesier lebten weiter in ihren isolierten, unabhängigen Dörfern, sprachen ihre Dialekte und ernährten sich vom Fischfang, von der Jagd und einfacher Landwirtschaft.

Die Japaner machten kaum den Versuch, die Eingeborenen mit diplomatischen Mitteln zu gewinnen. Statt dessen befahlen sie Zusammenarbeit unter Androhung von Strafen. Auf Guadalcanal bedeutete Zusammenarbeit Hilfe beim Bau des Flugplatzes. Da den Eingeborenen kein Geld für ihre Arbeit angeboten wurde, verweigerten die meisten Melanesier sie. Einige leisteten Kundschafterdienste für die Küstenbeobachter, aber die meisten warteten ab, wem das Kriegsglück hold sein würde.

(Oben) Die Salomonen erstrecken sich über 500 Meilen von Rabaul im Nordwesten bis San Christobal südöstlich von Guadalcanal. Sie umfassen eine Inselgruppe, deren Bewohner hunderte verschiedener Sprachen und Dialekte benutzen. (Rechts) Japanische Soldaten lehren Propagandalieder in einem Dorf nahe Rabaul.

*Für die meisten Süd-
seebewohner waren die
Kriegsgründe völlig
undurchsichtig. Diese
Kinder auf Neuguinea
(links), die zur Begrü-
ßung der Japaner Spa-
lier stehen, blicken
eher besorgt als ver-
ängstigt. (Rechts) Bald
mußten die Bewohner
der besetzten Gebiete
für ihre neuen Herren
arbeiten.*

KAPITEL ZWEI

GLÜCKLICHE LANDUNG

7. August 1942

Quartermaster Thomas Morris machte eine Bleistift-eintragung in seiner Kladde, dann starrte er wieder durch die Fenster des Ruderhauses in die morgendliche Dunkelheit des 7. August 1942. Der Regen und die Wolken, welche die alliierte Armada während der vergangenen 24 Stunden eingehüllt hatten, waren verschwunden, die Mondsichel ging im Nordosten auf.

Nicht zum ersten Mal seit seiner Anmusterung auf dem schweren Kreuzer U.S.S. *Quincy* dachte Morris darüber nach, wie weit er sich von Heim und Herd entfernt hatte. Als er frisch von der Quartermasterschule an Bord

kam, hatte er nach seinem eigenen Eingeständnis noch »Kuhmist an den Schuhen«. Aber jetzt, nach fast einem Jahr, war er ein stolzes Rädchen der schwimmenden Kampfmaschine mit über 11.000 Männern.

Und die *Quincy* war nur ein kleiner Teil der größten alliierten Schiffsflotte, die der Pazifik bis jetzt gesehen hatte. Die gesamte Expeditionsstreitmacht für die Operation Watchtower verfügte über mehr als 80 Schiffe, darunter 22 Transporter, die ca. 19.000 Soldaten des 1. und 5. Marineinfanterieregiments an Bord hatten. Der Ober-

Ein Gemälde von Dwight Shepler zeigt Tulagis Hafen nach der Invasion.

kommandierende der Expedition war Vizeadmiral Frank Jack Fletcher an Bord des Flugzeugträgers *Saratoga*, der zusammen mit den anderen beiden Trägern Luftunterstützung geben würde. Das eigentliche Landungsunternehmen stand unter dem Befehl von Konteradmiral Richmond Kelly Turner. Die Aufgabe der *Quincy* war es, zusammen mit den anderen Kriegsschiffen die Verteidigungsanlagen der Insel zu zerstören. Danach sollte den an Land stürmenden Truppen Feuerunterstützung gegeben werden.

»Neuer Kurs: Null-neun-null!« Captain Samuel Moores Stimme war leise, aber bestimmt. Der Rudergänger der *Quincy* drehte das Ruder, und das Schiff legte sich weit nach Backbord über. Die Stimmung auf der abge-

dunkelten Brücke wurde noch angespannter. Wer etwas sagen mußte, der flüsterte. Captain Samuel Moore ging nach draußen in die Steuerbordbrückennock, um einen besseren Überblick zu haben. Die *Quincy* drehte nach Osten, dem heller werdenden Himmel entgegen. Ein paar Augenblicke später mußte Morris seine Augen gegen die ersten Strahlen der aufgehenden Sonne schützen. Vor ihm lag eine liebliche, hügelige grüne Insel wie aus einem Urlaubsprospekt. Aber mit Sicherheit würden irgendwo unter den Palmen japanische Soldaten und Kanonen lauern. Dann wartete er wie alle Männer auf den Brücken der alliierten Schiffe – egal, ob Amerikaner oder Australier – auf die feindliche Salve, die sie begrüßen würde.

(Links) Eine Farbauf-
nahme der Quincy *ein
paar Tage vor der Inva-
sion.* (Oben) Thomas
Morris mit dem Mützen-
band der Quincy. *(Unten)
Der Kommandant der*
Quincy, *Captain Samuel
Moore.*

Aber der erste Schuß kam von der *Quincy.* Sie führte
die Linie der Schiffe an. Fast gleichzeitig fielen die anderen Geschütze ein. Salve um Salve pflügte Lunga Point
um, den Küstenstreifen knapp nördlich des japanischen
Flugfeldes, wo man die feindlichen Batteriestellungen
vermutete. Ihr Feuer wurde nicht erwidert. War es möglich, daß man die Japaner im Schlaf überrascht hatte?

Jetzt teilte sich die Invasionsflotte in zwei Gruppen.
Eine Abteilung unter Führung des australischen schweren Kreuzers *Canberra* hielt nach Nordosten auf Tulagi
zu, einer kleinen Insel, die dicht vor der Küste Floridas
lag, jener Insel, die die nordöstliche Begrenzung des
Sundes bildete. Währenddessen nahm die größere Abteilung mit der *Quincy* an der Spitze eine Position vor einem Strand östlich von Lunga Point ein – Codename:
Beach Red –, wo die Hauptlandung erfolgen sollte. Der
Befehlshaber der Marineinfanterie Generalmajor A. Archer Vandegrift vermutete, daß er 5.000 Japaner auf der
Insel vorfinden würde, davon über 2.000 Infanteristen.
Er ahnte im voraus, daß dieser erste große amphibische
Angriff der U.S.-Streitkräfte seit dem Spanisch-Ameri-
kanischen Krieg von 1890 viel Blut kosten würde.

Um 09.10 Uhr stieg die erste Gruppe der Marines aus
ihren Higginslandungsbooten und stürmte durch das
spritzende Wasser an Land. Noch immer kein Zeichen
von Widerstand, als die ersten Truppenteile ins Landes-
innere vordrangen, aber der dichte Dschungel verlang-
samte bald ihr Tempo. Beobachtungsflugzeuge der
Kreuzer kreisten über ihnen. Bald verwandelte sich die
Szene am Strand in ein Chaos, als die Boote, die jetzt
Nachschubgüter heranbrachten, sich am Strand stauten.
Sie konnten einfach nicht schnell genug entladen werden. Doch sonst schien der Start der Operation hervorragend verlaufen zu sein. Aber der Anschein kann trü-
gen. Amerika war noch nicht bereit für eine große
Offensive im Pazifik. Roosevelts Europa-
zuerst-Politik hatte zur Folge, daß die Masse
der U.S.-Truppen und -Waffen der bevorstehenden Invasion in Nordafrika zugeteilt wurde.
Die jungen Marineinfanteristen, die jetzt auf
Guadalcanal und Tulagi landeten, waren vorher mehrere Monate erprobt worden, aber sie
hatten keine Kampferfahrung. Und da blieb
die ernste Frage, ob man die Truppe ausreichend versorgen und bewaffnen konnte,
wenn sie erst an Land war. Es dauerte gar nicht
lange, dann hatte die Operation Watchtower
den Spitznamen Operation Schnürsenkel.

Zum Glück für die Amerikaner hatte die Landung auf Guadalcanal die Japaner total überrascht. Sie waren mit ihrer eigenen Invasion auf Papua beschäftigt, die am 21. Juli begonnen hatte, als 16.000 Soldaten in der Nähe von Buna an der Nordostküste von Neuguinea gelandet waren und den schwierigen Vormarsch über die Owen-Stanley-Berge auf Port Moresby begannen. Obwohl das Flugfeld auf Guadalcanal fast völlig fertiggestellt war, hatte man noch keine Flugzeuge dafür eingeplant. Zudem wollte man nicht glauben, daß die Amerikaner so bald nach Pearl Harbour zur Gegenoffensive antreten würden.

Die Nachricht von der Invasion erreichte schnell die nächste japanische Basis in Rabaul, 565 Meilen nordwestlich von Guadalcanal. Es war früher Morgen auf dem Vunakanau-Flugfeld. Unteroffizier Saburo Sakai und die anderen Piloten der kampferprobten Tainan-Luftgruppe schnallten sich gerade in den Cockpits ihrer Zero-Fernjäger fest, als aufgeregte Ordonnanzen herangelaufen kamen und ihnen zuriefen, daß ihr Flug abgesagt sei. Erst irritiert, dann neugierig eilten die Piloten zur Einsatzzentrale zurück, um neue Befehle zu erwarten. Ein ärgerlicher Kommandeur, Tadashi Nakajima, teilte ihnen brüsk mit, daß der Angriff auf den alliierten Fliegerhorst Rabi nahe der Ostspitze von Neuguinea abgesagt worden sei, da vor einigen Stunden eine starke feindliche Invasionsstreitmacht die Inseln Guadalcanal und Tulagi angegriffen habe. Der letzte Funkspruch der Garnison auf Tulagi war um 08.05 Uhr empfangen worden: »Wir beten für andauerndes Kriegsglück«, und dann das Versprechen, »bis zum letzten Mann zu kämpfen«. Sakais bester Freund Leutnant Junichi Sasai wurde bleich, als er die Nachricht hörte. Der Mann seiner Schwester war auf Tulagi stationiert. Er zweifelte nicht daran, daß sein Schwager bereits tot war.

Schock und Ärger verwandelten sich in Skepsis, als Nakajima kurz ankündigte: »Sie werden den längsten Jägereinsatz der Geschichte fliegen.« Ihr neues Ziel lag fast 600 Meilen entfernt. Das war für die Betty-Bomber kein Problem, lag aber an der Grenze der Reichweite der Zeros und gut außerhalb der Strecke, die die Val-Sturzkampfbomber bewältigen konnten. Diejenigen, die es nicht bis Rabaul zurück schafften, mußten entweder auf einem holperigen Feldflugplatz in Buka an der Nordspitze von Bougainville landen oder an der Südspitze Bougainvilles in der Nähe der Shortland Insel notwassern,

wo ein Wasserflugzeug die Piloten auffischen würde. Die Maschinen mußten aufgegeben werden.

Kurz nach 09.30 Uhr waren die Maschinen in der Luft: 27 zweimotorige Bettys mit 18 Zeros als Begleitschutz und neun ungeschützte Vals. Sakai, ein armes Waisenkind mit stolzen Samuraivorfahren, bemerkte verärgert, daß man sich nicht die Zeit genommen hatte, die Bettys von Bomben auf Torpedos umzurüsten, die weitaus effektiver gegen Schiffe eingesetzt werden konnten. Aber er war von der Aussicht erregt, auf die U.S.-Marineflieger mit ihren Flugzeugen zu stoßen, die das Beste sein sollten, was die Amerikaner aufbieten konnten.

Die Zeros stiegen auf 13.000 Fuß, dann wurden die Maschinen abgefangen und ostwärts über glitzerndes blaues Wasser und üppig grüne tropische Inseln gesteuert. Über Buka, der nordwestlichen Spitze von Bougainville, drehten sie nach Süden.

Dieser Lufteinsatz war zwar die erste, aber keineswegs die einzige Antwort der Japaner auf die alliierte Invasion. Sobald er von der Landung erfuhr, schmiedete Vizeadmiral Gunichi Mikawa, der Befehlshaber der 8. Japanischen Flotte in Rabaul, Pläne für einen nächtlichen Gegenangriff und zog schnell alle verfügbaren Marineeinheiten zusammen. Das waren fünf schwere und zwei leichte Kreuzer sowie ein bejahrter Zerstörer. Es war kein guter Verband, und er hatte auch nie zuvor zusammen manövriert, aber es gab keine Alternative. Mikawa wußte nicht, wieviele und welche Schiffe ihn erwarten würden, aber er war der Überzeugung, daß ein schneller Konterschlag die größte Aussicht auf Erfolg in sich barg, den Feind zu zerschlagen.

Verglichen mit der Hitze im engen achteren Maschinenraum der *Canberra*, wo die Temperatur oft über 40 Grad anstieg, empfand Heizer George Faulkner die feuchte tropische Brise als fast so erfrischend wie einen langen, kühlen Schluck Bier. Er und seine Kollegen, die »fröhlichen Müllkutscher«, wie die Maschinen- und Kesselraumcrews spaßhaft genannt wurden, waren während der ersten Phase der Landungsoperation die ganze Zeit unten gewesen. Jetzt, am späten Morgen, gönnte er sich den ersten Blick auf das Geschehen.

Ein stetiger Strom von Higginsbooten verkehrte zwischen den Transportern und der Küste von Tulagi, der kleinen Insel, die aufgrund ihres tiefen und gut geschützten Naturhafens der Sitz der britischen Protektoratsverwaltung gewesen war. Am Strand brannte es an einigen Stellen, und Rauchwolken standen über der Insel – Spu-

(Rechts) Flieger-As
Saburo Sakai und (oben)
eine Kette Zeros. Die
Zeros waren schnell und
manövrierfähig. Sie konn-
ten von Land (unten)
oder von Trägern (ganz
unten) aus eingesetzt werden und waren den dama-
ligen alliierten Flugzeugen
überlegen.

Tulagi – die Wirkung der alliierten Beschießung ist zu sehen. Dort hatten die Japaner ihre Hauptverteidigungskräfte konzentriert, nicht auf Guadalcanal.

ren der Beschießung vor der Landung –, aber es gab keine Anzeichen von Kämpfen. Anderthalb Meilen weiter östlich jedoch, wo die Marines auf der kleinen Insel Gavutu gelandet waren, leisteten die Verteidiger erbitterten Widerstand. Faulkner hoffte, daß die unerfahrenen Yanks sich den kampferprobten feindlichen Soldaten als ebenbürtig erweisen würden.

Auch die Seesoldaten auf Tulagi trafen bald auf heftige Gegenwehr, mußten ihren Vormarsch stoppen und sich vor Sonnenuntergang eingraben. Inzwischen verlagerten sich die Kämpfe von Gavutu auf das noch kleinere Tanambogo, mit dem es über einen schmalen Damm verbunden war. Auf Tulagi und ihren zwei kleinen Nachbarn entwickelte sich eine neue Kampfform, die den kommenden Feldzug charakterisieren würde: Der verlustreiche Angriff gegen gut eingegrabene japanische Einheiten, die bereit waren, bis zum letzten Mann zu kämpfen.

Saburo Sakai und die anderen Piloten des japanischen Flugzeuggeschwaders konnten es nicht wissen, aber ihre Ankunftszeit über Guadalcanal war bereits bekannt. Am Vormittag, als die Bettys Malabita Hill ein paar Meilen landeinwärts der südöstlichen Spitze Bougainvilles überflogen, polierte ein kleiner Australier mittleren Alters seine Brillengläser. Dann zählte er die Flugzeuge über seinem Kopf. Ein paar Minuten später, um 10.37 Uhr, knatterte die folgende Botschaft aus seinem einfachen transportablen Sender: »24 Bomber sind im Anflug.« Der Mann, dessen Name Paul Mason war, hatte fast sein ganzes Leben auf den Salomonen verbracht. Er wurde bald berühmt für seine lakonischen aber rechtzeitigen Warnungen. Innerhalb von 25 Minuten wußte jedes Schiff der Flotte vor Guadalcanal und Tulagi, daß der erste japanische Gegenangriff begonnen hatte. Ausgehend von der bekannten Marschgeschwindigkeit der japanischen mittelschweren Bomber wurde geschätzt, daß

Dem Wildcat-Jäger fehlte die Eleganz und Beweglichkeit der Zero, aber er war robust und widerstandsfähig.

deren Wichtigkeit im Anfangsstadium der Invasion kaum hoch genug eingeschätzt werden konnte. Dank ihrer Anstrengungen wurden die Alliierten kaum von japanischen Luftangriffen überrascht.

Sakai und die anderen Flugzeuge befanden sich etwa 50 Meilen vor Guadalcanal. Da sah er gelbe Flammen in den tropischen blauen Himmel stechen. Offensichtlich wurde der ersten Angriffswelle ein warmer Empfang bereitet. Als er näher kam, blickte er auf die riesige feindliche Flotte – sie umfaßte mehr Kriegsschiffe und Transporter, als er je zusammen gesehen hatte –, und alle zogen weiße Schaumstreifen hinter sich her, was bedeutete, daß sie schon in Bewegung waren, die Standardtaktik, um schlechtere Ziele abzugeben. Während die Bomber eine langsame Kurve flogen, um sich auf den Angriff vorzubereiten, erhaschte Sakai den ersten Blick auf einen gegnerischen Jäger, den er bald gut kennenlernen würde – den Grumman F4F »Wildcat«. Acht von ihnen fielen über die Bomber her. Während Sakai und die anderen Jäger ihnen zu Hilfe eilten, mischten sich weitere Wildcats ein, und bald standen mehrere Bettys in Flammen. Entnervt lösten die Bomberpiloten ihre Last aus, obwohl sie sich noch vier Meilen von ihren Zielen südöstlich von Savo befanden. Es wurde kein Treffer erzielt.

Als die japanischen Bomber in Richtung Heimat abdrehten, waren die Zeros und Wildcats in eine Serie von akrobatischen Luftkämpfen verwickelt, in der die Zero ihre überragenden Manövriereigenschaften bewies und die Wildcat ihr unglaubliches Stehvermögen. Sakai bemerkte kurz eine Wildcat, die augenscheinlich drei Zeros anzugreifen schien, dann stürzte er zum Angriff hinunter und gab einen langen Feuerstoß ab. Die Wildcat rollte zur Seite und setzte sich dann unter Sakai. Sie führten ein tödliches Luftballett auf, bestehend aus blitzschnellen Drehungen, plötzlichen Gaswechseln und knochenbrechenden Spiralen, bis Sakais Gegner den Kampf aufzugeben schien. Er flog geradeaus und machte keinen Versuch mehr, einem Angriff auszuweichen. Das japanische Fliegeras pumpte Salve auf Salve in das Cockpit, überrascht, daß der feindliche Pilot noch immer flog.

die Flugzeuge in etwas mehr als zwei Stunden eintreffen würden. An Bord der *Canberra* rief das Lautsprechersystem um 11.00 Uhr die Besatzung zum Essen und gab bekannt, daß gegen Mittag ein Luftangriff erwartet wurde – das erste richtige Gefecht in diesem Krieg.

Mit Masons Radiowarnung bewährte sich jetzt das Netz der sogenannten Küstenbeobachter. Diese Beobachter waren zumeist britische oder australische Staatsbürger. Bevor die Japaner die östlichen Salomonen Anfang Mai besetzten, waren die meisten europäischen Einwohner abgereist. Nur die Küstenbeobachter blieben und fungierten als eine Art Frühwarnsystem. Ständiger Ortswechsel war eine zwingende Notwendigkeit. Die Sender waren so groß und schwer, daß zwölf bis 16 Männer benötigt wurden, um die Einzelteile durch den Busch zu transportieren. Ein Netzwerk aus loyalen Melanesiern versorgte die Beobachter mit Informationen,

KÜSTENBEOBACHTER

*Eine bunte Gruppe von Pflanzern
und Kolonialbeamten
beobachtete die Japaner
und half bei der Invasion.*

Als die Japaner Anfang Mai 1942 die östlichen Salomonen überrannten, operierten die Küstenbeobachter auf Guadalcanal plötzlich hinter den feindlichen Linien.

So war das nicht gedacht gewesen. Der australische Küstenbeobachtungsdienst war von der R.A.-Navy nach dem Ersten Weltkrieg eingerichtet worden als eine Art Frühwarnsystem gegen zukünftige Invasionsversuche.

Beim Ausbruch des Krieges 1939 bildete die Kette der Beobachtungspunkte einen Bogen von 2.500 Meilen. Er erstreckte sich vom westlichen Papua bis zu den Neuen Hebriden. Durch den japanischen Vormarsch wurden die Küstenbeobachter zu Spionen, die bei Gefangennahme nicht auf Gnade hoffen durften.

In Aola beobachtete Martin Clemens Tulagi und die östliche Hälfte der Insel. Seine Langeweile bekämpfte der Cambridgeabsolvent mit einer Gesamtausgabe von Shakespeares Werken. Um die Moral zu heben, organisierte er ein Cricketmatch für seine einheimischen Helfer. Hoch oben auf dem Gold Ridge überwachte Oberleutnant Donald Macfarlan das Inselinnere von einem komfortablen Fünf-Zimmer-Haus aus. Zu ihm stieß bald ein Pflanzer namens Kenneth Hay, ein Mann mit gewaltigem Körperumfang und epikuräischen Gewohnheiten. Er bestand auch im Busch darauf, daß seine Butter auf Eis serviert wurde. Am Westende Guadalcanals stand der ehemalige Ma-

(Links) Martin Clemens (stehend, fünfter von links) und einige seiner Scouts. (Unten) Ende Mai, während er auf die Landung der Japaner wartete, las Clemens seine dreibändige Gesamtausgabe von Shakespeares Werken noch einmal. (Rechts) Die Küstenbeob-

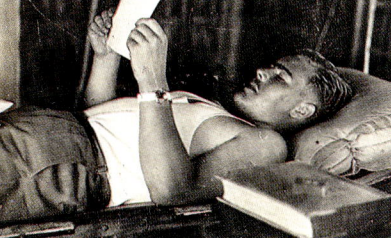

achter in Uniform stehen vorm Hauptquartier. Unter ihnen »Snowy« Rhoades (vierter von rechts). Die Radios der Küstenbeobachter waren unhandliche Ungetüme (rechts).

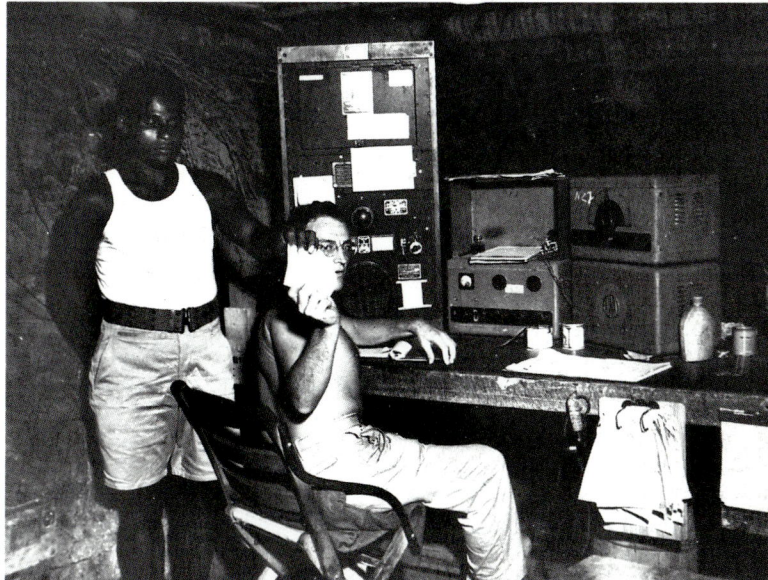

nager der Kokosnußplantage auf Wache. Er hieß F. A. »Snowy« Rhoades, eine herbe, lakonische Persönlichkeit, der seit Jahren auf der Insel gelebt hatte.

Als die Japaner im späten Juni mit starken Kräften auf der Insel landeten und den Flugplatz zu bauen begannen, wurde die Lage für die vier sehr verschiedenen Männer gefährlich. Sie zogen sich immer weiter zurück und hofften, nicht entdeckt zu werden. Ende Juli spitzte sich die Situation zu. Martin Clemens Träger waren desertiert, also mußte er die Funkstation aufgeben – sie war ohnehin defekt. Auch sein letztes Paar Schuhe war hinüber. Macfarlan hatte sich in ein entlegenes Tal zurückgezogen, ihm gingen die Vorräte aus. Rhoades lebte in einer Höhle »mit einer Pistole unter dem Kopfkissen«. Die Japaner waren ihnen auf der Spur.

Für die Küstenbeobachter auf Guadalcanal kam die alliierte Landung am 7. August gerade zur rechten Zeit.

Küstenbeobachter retteten auch abgeschossene Piloten und Schiffbrüchige. Der berühmteste war John F. Kennedy (unten), der von Arthur R. Evans gerettet wurde, nachdem sein Boot PT-109 versenkt worden war.

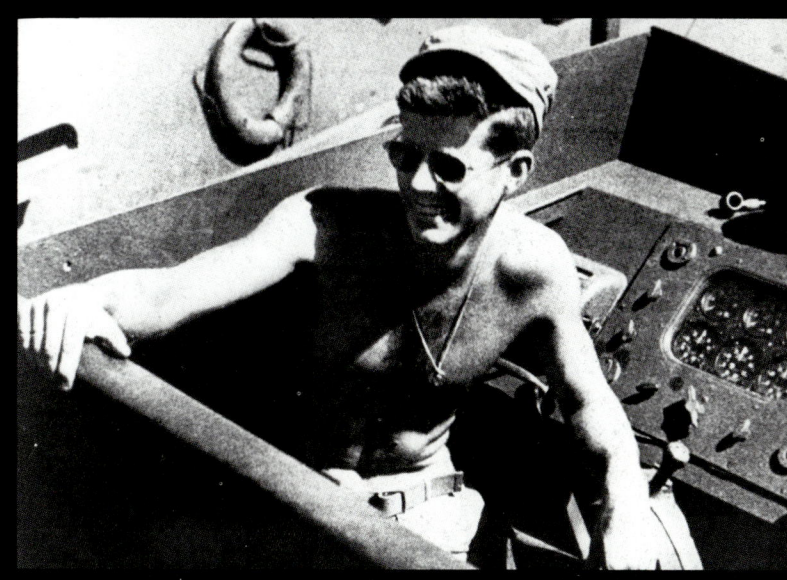

Als er sich näherte, um ihm den Gnadenstoß zu versetzen, war da plötzlich einer dieser Momente, wo in der Hitze der Schlacht der Gegner unvermittelt zum Mitmenschen wird. Die Cockpitabdeckung der Wildcat war zurückgeschoben. Als die beiden Maschinen nebeneinanderflogen, öffnete Sakai sein Cockpitfenster und blickte zu dem großen älteren Mann mit rundem Gesicht hinüber, der eine leichte Khakiuniform trug. Blutflecken zeichneten sich an der rechten Schulter und der Brust ab. Sakai erzählte später, was dann passierte: »Es war doch unritterlich, den Mann so zu töten! Nicht, wenn er hilflos in einem Wrack saß. Ich hob meine linke Hand und schüttelte drohend die Faust – natürlich vergeblich. Ich wollte, daß er kämpfte, nicht einfach so dahinflog wie eine Tontaube. Der Amerikaner sah überrascht aus; er hob die Hand und winkte schwach.«

Aber als der Amerikaner seine Maschine in einen Aufwärtsschwung zog, kehrten Sakais Jagdinstinkte zurück. Eine sorgfältig gezielte Salve der Maschinenkanonen, und der Motor der Grumman explodierte. Dann kam das Flugzeug ins Trudeln, der Pilot stieg aus. Nachdem sich der Fallschirm geöffnet hatte, sah Sakai, daß der Körper des Mannes leblos in den Gurten hing.

Sakais Gegner in dieser außergewöhnlichen Episode war Leutnant James J. »Pug« Southerland von Admiral Fletchers Flaggschiff *Saratoga*. Wunderbarerweise überlebte er und konnte diese Geschichte erzählen. Viele seiner Kameraden hatten nicht so viel Glück. Die Hälfte der achtzehn Wildcats, die den Feind angegriffen hatten, gingen verloren. Auch die Japaner erlitten schwerere Verluste. Sie verloren neun Vals, fünf Bettys und zwei Zeros. Dabei erzielten sie nur einen Bombentreffer auf dem Zerstörer *Mugford*.

Aber auch Sakais Glück war vorbei. Er verwechselte einen Schwarm Dauntless Sturzkampfbomber mit weiteren Wildcats. Er und eine andere Zero griffen sie von hinten und unten an. Er bemerkte seinen Fehler zu spät. Die Dauntless mit ihrem rückwärtigen MG-Schützen war ein wehrhaftes Wild. Plötzlich lag er unter feindlichem Feuer. Der Treffer, den er bekam, erschien ihm, als ob ihm jemand ein Messer in die Ohren gestochen hätte. Die Welt war plötzlich rot. Dann war er blind.

Marineoberassistenzarzt Kenneth Morris konnte kaum atmen. Er und zwei Sanitäter hatten ihre Erste-Hilfe-Station im Messedeck unter der Back der

Eine Douglas Dauntless hebt von der Enterprise ab. Der wirkungsvolle Stuka konnte sich mit seinem Heck-MG auch gegen feindliche Jäger wehren.

Canberra. Sie hatten den ganzen Luftangriff in ihren Brandschutzanzügen – Overall, Handschuhe, Helm, Brille – schwitzend erlebt, während die Luft unter Deck im gefechtsklar verschlossenen Schiff zunehmend drükkend schwül wurde. In Augenblicken wie diesem war die eigene Phantasie ein ebenso großer Feind wie die Japaner. Sie drohte mit einem durchzugehen.

Es begann damit, daß die 20,3-cm-Geschütze der *Canberra* das Feuer eröffneten. Sie verursachten so viel Lärm, daß Morris überzeugt war, das Schiff sei von Torpedos getroffen worden, obwohl ihm sein Verstand sagte, daß die feindlichen Maschinen noch zu weit entfernt sein mußten, um ihre Aale abwerfen zu können. Dann fielen die 10,2-cm-Schnellfeuerkanonen ein, gefolgt von den 4-cm-Pompoms. Das Rattern der automatischen 20-mm-Flak zeigte an, daß der Feind Bomben und Torpedos warf. Schließlich, als die MGs der *Canberra* losrasselten, wußte er, daß die Flugzeuge auf das Schiff zuhielten. Vielleicht würde eines in die Aufbauten stürzen. Würde ein Treffer kommen, dann jetzt jede Sekunde . . .

Mit einem Schlag verebbte der Höllenlärm. Entwarnung wurde gegeben. Die Gefahr war vorüber. Während er seine Ausrüstung ablegte und sich den Schweiß ab-

wischte, ertappte sich Morris dabei, daß er kontrollierte, ob es wirklich nur Schweiß und kein Blut war. Wenn man nur sehen könnte, was vorging, dann würde es nicht so schlimm sein.

An Bord der alliierten Schiffe verbreitete sich nach dem Fehlschlag des ersten japanischen Luftangriffs ein Gefühl der Zuversicht. Kein Transporter war getroffen worden. Nur die Besatzung des beschädigten Zerstörers hatte einen Vorgeschmack von der unverdaulichen Speise bekommen, die sie noch würde schlucken müssen. Während des Nachmittags verlief die Landung auf Guadalcanal ungestört. Um 04.00 Uhr verlegte General Vandegrift sein Hauptquartier an Land. Bis zum Einbruch der Nacht würde der Vorstoß der Marines entlang der Küste nur bis zum Alligator Creek kommen – das waren noch 1000 Meter vor dem Flugfeld. Ein zweiter Stoßtrupp kämpfte im Dschungel mit dem Schlamm.

Von General William Rupertus, dem Befehlshaber der Landungstruppen auf Tulagi, hörte man, daß die erbitterten Kämpfe auf Tulagi und Gavutu-Tanambogo anhielten. Die Verluste waren schwer. Vandegrift mußte sich fragen, wie lange die Flitterwochen seiner Marines auf Guadalcanal noch dauern würden.

Der schwere Kreuzer H.M.A.S. Canberra *wurde vor dem Krieg in England gebaut. Vor dem Einsatz bei Guadalcanal jagte er deutsche Hilfskreuzer im Indischen Ozean.*

FIERT WEG DIE BOOTE

Die erste große amphibische Landung seit dem Spanisch-Amerikanischen Krieg war eine improvisierte Angelegenheit.

Die alliierten Befehlshaber der Invasion wußten nicht, was sie erwarten würde. Die Schätzungen der japanischen Verteidiger schwankten erheblich (von 3.100 bis über 8.000). Die Aufklärung war kläglich. Es gab keine genaue Karte, und eine ganze Reihe Luftbilder ging in der Post verloren. Der Nachrichtendienst ging davon aus, daß sich die feindlichen

Kräfte um das unfertige Flugfeld scharten. Tatsächlich waren sie überwiegend auf Tulagi.

Die meisten Marines (viele Freiwillige, die sich nach Pearl Harbour im patriotischen Überschwang gemeldet hatten) kamen frisch aus der Ausbildung. Die einzige Generalprobe auf Kojo, Fidji, war wegen der vorgelagerten unbekannten Korallenriffe und den Motorschaden der Landungsboote ein Desaster gewesen (Admiral Turner brach die Übung ab). Die Schützenregimenter trugen dieselbe Waffe, die schon im Ersten Weltkrieg benutzt worden war, den M-1903 Springfieldkarabiner. Wäre der Gegner stark verschanzt gewesen und hätte sich ernsthaft am Strand gewehrt, die Verluste wären enorm gewesen.

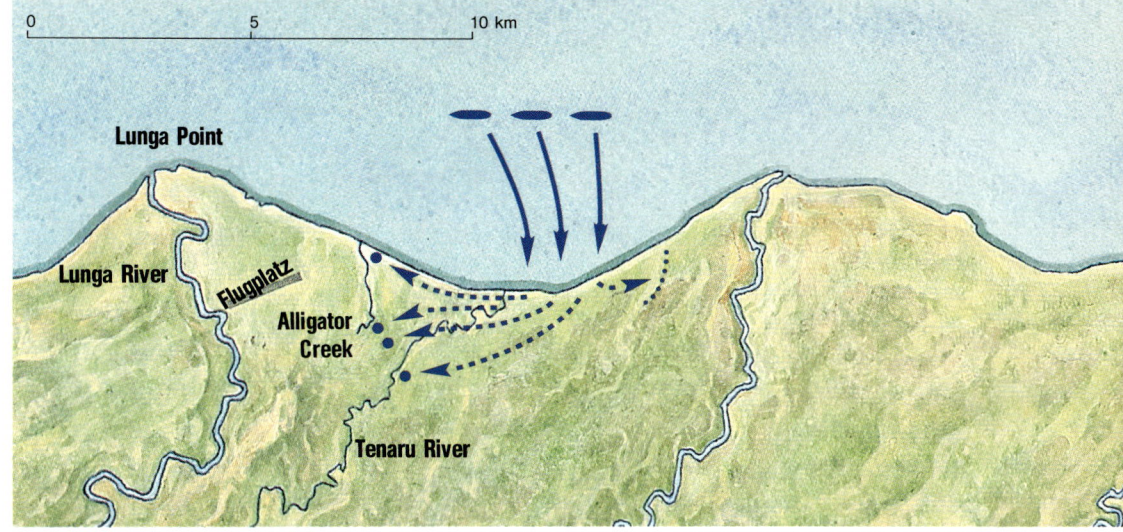

(Ganz links) General Vandegrift und sein Stab bei einer vorbereitenden Besprechung an Bord, während seine Marines (links) ihre Waffen pflegen. (Rechts) Von Beach Red aus sollte landeinwärts zum Flugfeld vorgestoßen werden. Die meisten Transporter waren umgebaute Frachter, aber es gab auch schnelle Zer-

störer (links). (Ganz oben) Amphibienschlepper brachten Nachschub heran. Die Soldaten kamen mit Landungsbooten (oben). (Rechts) Marines rücken im Inland vor.

Landungsboote am 7. August 1942 auf dem Weg zur Küste. (Kleines Bild) General A. Archer Vandegrift, Kommandeur der 1. Marinedivision. Am späten Nachmittag verlegte er sein Hauptquartier nach Guadalcanal.

Saburo Sakai kam zu Bewußtsein, als sein Jäger ins Wasser zu stürzen drohte. Obwohl das Blut ihn noch immer blendete, gelang es ihm instinktiv, die Zero abzufangen. Aber seine gesamte linke Seite war gefühllos. Tränen wuschen genug Blut weg, so daß er seine Instrumente schwach erkennen konnte. Aber seine Situation schien hoffnungslos zu sein. Bis nach Rabaul waren es über 500 Meilen. Seine Cockpitabdeckung war fort, die Maschine bestimmt schwer beschädigt, und er brauchte medizinische Hilfe. Irgendwie gelang es ihm, den seidenen Fliegerschal zu lösen und unter den Helm zu schieben, um das Blut zu stillen und aus einem Sitzkissen einen Windschutz zu erstellen.

So zusammengekauert wie möglich, um dem heftigen Fahrtwind zu entkommen, und unfähig zu erkennen, wohin er flog, kämpfte Sakai mit einem wachsenden Schlafbedürfnis. Wieder und wieder nickte er ein. Er schlug sich selbst auf die verwundete Wange und hoffte, daß der Schmerz ihn bei Bewußtsein halten würde, aber das ließ sein Gesicht nur anschwellen, als ob ein Gummiball in seinem Mund aufgeblasen würde. »Wenn ich schon sterben muß«, sagte er zu sich selbst, »dann wie ein Samurai.« Mehr als einmal drehte er in der Absicht um, sich vor Guadalcanal auf eines der feindlichen Schiffe zu stürzen, aber immer wieder änderte er seine Absicht und nahm wieder Kurs auf Rabaul. Doch jede Verzögerung kostete ihn wertvollen Treibstoff, machte seine sichere Rückkehr zweifelhafter. Schließlich hielt ihn der zunehmende Schmerz wach. Er überprüfte seine Position und hielt mit geringster Geschwindigkeit konsequent auf Rabaul zu.

Nach vielen Stunden, wie ihm schien, entdeckte Sakai die vertrauten vulkanischen Bergspitzen von New Britain. Aber die direkte Route über das bergige Inland erschien ihm zu gefährlich. Er entschied sich, an der Küste zu bleiben, und folgte dem St. George's Channel zwischen Rabaul und New Ireland.

Ein paar Minuten später erblickte er endlich den Flugplatz von Rabaul. Er flog einen Kreis und erwog, auf dem Wasser vor dem Strand niederzugehen. Aber der Gedanke an den knochenzerbrechenden Aufschlag im Wasser war mehr, als er ertragen konnte. So entschloß er sich, eine Landung zu versuchen. Sein erster Versuch endete fast mit einer Katastrophe, als er die Landebahn verfehlte und beinahe in die abgestellten Jäger gerast wäre. Er zog hoch und flog vier Kreise, dann wagte er den nächsten Versuch. Seine Tankanzeige wies auf Null, aber er ging nicht das Risiko eines Brandes bei einer Bruchlandung

ein. Als er die Palmen am Ende der Landebahn passiert hatte, trat er mit seinem rechten Stiefel die Zündung aus. Sein linkes Bein war noch immer gefühllos. Ein paar Sekunden später setzte sein Jäger mit einem harten Aufprall auf und kam vor der Einsatzzentrale zum Stehen. Sein Bewußtsein schwand, und er fiel in einen schwarzen Schacht. Dabei verfolgten ihn Rufe: »Sakai! Sakai!«

»Ich fluchte vor mich hin«, erinnerte er sich später. »Warum blieben sie nicht ruhig? Ich wollte schlafen.«

Schlaf war eine teure Ware in dieser ersten Nacht auf Guadalcanal, wie der Kriegsberichterstatter Richard Tregaskis feststellte. »Sich für die Nacht unter den hohen Palmen und den strahlenden Sternen niederzulegen, würde eine wundervolle Erfahrung sein«, notierte er in sein Tagebuch, »wären da nicht die Insekten, die Moskitos und der Durst – all das war aber unglücklicherweise vorhanden. Mit dem Einbrechen der Dunkelheit begannen die Papageien in den Bäumen zu kreischen, und die Schüsse wurden zahlreicher. Die Wachen waren in dieser ersten Nacht auf der Insel übernervös. Von Zeit zu Zeit erwachte ich vom Ruf: ›Halt!‹, augenblicklich gefolgt von mehreren Salven. Einmal gegen Mitternacht wachte ich auf, als eine Maschinenpistole ganz in der Nähe des Waldstücks losbelferte. Dann knallte ein Gewehrschuß. Ein anderes antwortete. Bald feuerten fünf oder sechs Gewehre gleichzeitig, die hellen, weißen Leuchtspurgeschosse zischten aus verschiedenen Richtungen über das Wäldchen, in dem wir schliefen. Einige der Projektile jaulten in der Nähe durch die Bäume. Schließlich nahm das Feuer ab und verstummte, wir schliefen wieder ein.«

Drüben auf Tulagi existierte der Feind nicht nur in der Phantasie. Die japanische Garnison führte mehrere ernste Gegenangriffe durch, wobei die Linien der Marines von einigen Angreifern durchbrochen wurden. Als der Morgen graute, lagen die Leichen der toten Japaner wenige Meter von den amerikanischen Verteidigungslinien entfernt. Die Nester der Durchgebrochenen wurden nach der Morgendämmerung ausgehoben.

Vizeadmiral Mikawa war kein Mann, den man leicht beunruhigen konnte. Trotzdem hatte er allen Grund, unruhig auf der Brücke seines Flaggschiffs, dem schweren Kreuzer *Chokai*, auf und ab zu gehen. Das Tageslicht des 8. August würde seine Streitmacht, die sich jetzt im Osten hinter der großen Insel Bougainville versteckte, den suchenden Augen des Feindes aussetzen. Und wie um sein Unbehagen zu verstärken, führte der Kurs seiner acht Schiffe nach Guadalcanal durch schlecht vermessene Gewässer, die zahlreiche unbekannte Untiefen aufweisen mochten. Jedenfalls mußte die alliierte Landung zurückgeschlagen werden, und seine Schiffe waren die einzige Streitmacht, die das konnte. Sein tollkühner Plan sah vor, nach Südosten vorzupreschen, die Amerikaner gegen Mitternacht anzugreifen, die Kriegsschiffe auszuschalten, die Transporter zu versenken und rechtzeitig vor der Morgendämmerung zu verschwinden. Die japanische Marine war auf Nachtgefechte spezialisiert, in diesem Punkt konnte er beruhigt sein. Aber bis zum Einbruch der Dunkelheit war er durch die feindlichen Flugzeuge von den amerikanischen Trägern verwundbar, deren Jäger den ersten japanischen Luftangriff auf die Invasionseinheiten abgeschlagen hatten.

Auf Befehl Mikawas schossen um 06.00 Uhr mit den ersten Sonnenstrahlen am östlichen Horizont fünf Seeaufklärer von den Katapulten der Kreuzer und entfernten sich, um die Situation bei Tulagi und Guadalcanal zu erkunden. Zweieinhalb Stunden später meldeten sie sich. Trotz der optimistischen Berichte der Bomberpiloten am Vortag hatte ihr Angriff die Invasionsflotte nicht erkennbar geschwächt. Die alliierten Streitkräfte blieben vor Guadalcanal nach Zahl und Kampfkraft überlegen. Setzte man das voraus, dann mußte er seine Karten auf den Tisch legen und mit hoher Geschwindigkeit auf sein Ziel zulaufen. Es war unwahrscheinlich, daß er das unentdeckt würde machen können.

Vizeadmiral Gunichi Mikawa, Kommandeur der 8. Flotte, glaubte, daß er die Invasion hätte stoppen können, wenn er unentdeckt bis Guadalcanal gelangt wäre.

Um 10.25 Uhr stand sein Verband gerade nordöstlich von Kieta auf Bougainville, da erfüllten sich Mikawas Befürchtungen. Ein Hudsonbomber erschien und begann, die japanischen Schiffe zu beschatten. Der Admiral befahl einen Linksschwenk, um den Piloten von der Spur abzulenken, und dampfte in Richtung Rabaul, bis das Flugzeug verschwand. Wenige Minuten später erschien eine zweite Hudson. Sie flog tief über dem Wasser und wurde von den japanischen 20,3-cm-Geschützen vertrieben.

Wie lange es dauerte, bis Admiral Turner die Meldungen erreichten, bleibt ein strittiger Punkt. Aber am frühen Abend war der amerikanische Befehlshaber vor Guadalcanal über die Beobachtungen der beiden Hudsons informiert. Die erste sprach von zwei Zerstörern, drei Kreuzern und zwei »Monitoren oder Flugboottendern«, die zweite besagte, daß das japanische Geschwader aus »zwei schweren Kreuzern, zwei leichten Kreuzern und einem nicht identifizierten Fahrzeug« bestehe. Keine der beiden Meldungen ließ darauf schließen, daß die Streitkräfte stark genug waren, um sich mit der alliierten Flotte anzulegen, die die Landung absicherte.

Die Funker auf der *Chokai* hatten die Sichtmeldung der ersten Hudson abgehört, aber Admiral Mikawa änderte seinen Plan nicht, obwohl er annehmen mußte, daß seine Ankunft in der Nacht vor Guadalcanal erwartet wurde. Er drehte wieder in Richtung Südost und hoffte wider besseres Wissen, daß er dem unausweichlichen Angriff der Trägerflugzeuge entgehen möge. Am frühen Nachmittag hatte sein Verband die gefährlich enge Bougainville-Straße verlassen und die offenen Gewässer eines ausgedehnten Seegebietes erreicht, dem die Amerikaner bald den Spitznamen »Schlitz« geben würden. Dort hatte er bessere Chancen bei einem Luftangriff. Die Navigation war jetzt problemlos, und die Fahrt wurde auf 24 Knoten erhöht. Mikawas Tollkühnheit wurde belohnt. Er dampfte den ganzen Nachmittag durch den »Schlitz«, ohne entdeckt zu werden.

Sowohl Admiral Turner als auch sein Vorgesetzter, Admiral Fletcher, hatten erhebliche Schwächen im Luftaufklärungsplan der Alliierten für diesen Tag bemerkt. Ein großer Teil des »Schlitzes« würde den ganzen Nachmittag über nicht aufgeklärt werden. Ein feindlicher Verband konnte währenddessen diese natürliche Zufahrt Guadalcanals benutzen, um in der Nacht die Insel zu erreichen, ohne entdeckt worden zu sein. Und genau das ereignete sich. Um diese Situation zu korrigieren, forderten beide Admirale zusätzliche Flüge über diesem Seegebiet an – Flüge, die entweder gar nicht oder doch nicht weit genug ausgeführt wurden. Über diesen fatalen Umstand jedoch waren sich beide Admirale nicht im klaren.

Leutnant Harris Hammersmith saß im Cockpit seiner SOC-Aufklärungsmaschine und bereitete sich auf den Start vom Steuerbordkatapult der *Quincy* vor. Im Cockpit direkt hinter ihm saß sein Funker und Bordschütze. Hammersmith schob den Gashebel nach vorne und signalisierte der Katapultmannschaft seine Bereitschaft. Dann drückte er den Gashebel bis zum Anschlag. Das kleine Flugzeug zerrte an seinen Nähten. Mit dem Knall des Abschusses einer 12,7-cm-Kanone und einem Gefühl, das er selbst später »mit dem Stiefeltritt eines Riesen in den Hintern« umschrieb, schoß das Flugzeug vorwärts, und er war in der Luft. Endlich.

Konteradmiral R. Kelly Turner forderte zusätzliche Luftpatrouillen an. Trotzdem wurde der wahrscheinlichste Anmarschweg nur unzulänglich überwacht.

Der Start war wegen der aufgestauten vorangegangenen Frustrationen doppelt erregend. Am 7. August hatte Hammersmith den ganzen Tag nur eine Zuschauerrolle spielen dürfen, derweil die älteren Piloten der *Quincy* Feuerleitflüge für die Schiffsartillerie und die frisch angelandete Artillerie an Land durchführten. In der ersten Nacht vor Guadalcanal hatte er nur vom Fliegen geträumt.

Jetzt hielt er auf die östliche Einfahrt des Sundes zu, die er nach feindlichen U-Booten absuchen sollte. Zu seiner Rechten konnte er sehen, daß Beach Red mit Männern und Nachschubbergen bedeckt war. Ein feindlicher Luftangriff konnte jetzt verheerend wirken.

In den nächsten vier Stunden flog er methodisch seine Suchkurse über dem türkisfarbenen, von Korallenriffen durchsetzten Wasser. Drüben auf Tulagi und seinen zwei winzigen Schwestern waren noch immer Anzeichen von Kämpfen zu sehen. Aber die flachen Gewässer, in denen man ein U-Boot sofort entdecken würde, gaben keinen Hinweis auf den Feind. Als er noch Treibstoff für 45 Minuten hatte, kehrte er schließlich um. Da stellte er fest, daß die japanischen Flugzeuge wieder da waren.

Hammersmith näherte sich und sah, daß sich der Angriff auf die Kriegsschiffe konzentrierte, die die Transporter abschirmten. Allerdings stand ein Transporter in Flammen. Dann erhielt einer der Zerstörer einen Torpedotreffer, eine hohe Stichflamme stieg an seinem Bug auf. Es war die *Jarvis*. Der Himmel war mit Sprengwolken übersät, und viele feindliche Flugzeuge fielen dem Abwehrfeuer und den Wildcats zum Opfer. Es sah aus, als würden die Alliierten gewinnen.

Hammersmith drückte sein

Schwimmflugzeug herunter, bis er fast die Wellen berührte. Er flog langsam S-Kurven, um gegnerischem Beschuß auszuweichen. Aber sein Treibstoff ging zur Neige, und es war nicht die richtige Zeit, zur *Quincy* zurückzufliegen, die sich eifrig ihrer Angreifer erwehrte. Er beschloß, daß es am besten wäre, in der Nähe des Beach Red zu wassern. Von dort würde man ihn dann später abholen. Die fernen Kreuzer spien Feuer, und weitere Flugzeuge gingen in Flammen auf. Er setzte seine Schwimmer auf das Wasser auf und fuhr auf den Strand.

(Links) Japanische Bettybomber, einige nur wenige Fuß über der See, greifen die Transporter an. (Unten rechts) Rauch steigt aus einem brennenden Transporter.

Dem Vollmatrosen Henry Hall auf der *Canberra* stand die Begegnung mit dem Krieg unmittelbar bevor. Von seiner Gefechtsstation im vorderen Leitstand, einem Raum unmittelbar über und hinter dem offenen Peildeck der Brücke und gleich unterhalb vom Feuerleitgerät der 20,3-cm-Geschütze, hatte er durch die Fenster einen guten Ausblick auf das Gefecht. Er fühlte sich als Zuschauer. Die gesamte Artillerie des Schiffes feuerte, und es erzitterte unter den Abschüssen. Die schweren Kanonen schossen Sperrfeuer, das heißt die Zünder ließen die Granaten nach einer vorbestimmten Zeitdauer explodieren. Hall sah, daß eine Betty direkt auf ihn zuhielt. Sie flog dicht über dem Wasser, bereit, ihren Torpedo fallenzulassen. Dann explodierte eine 20,3-cm-Granate nahebei, und das Flugzeug löste sich buchstäblich vor seinen Augen auf. Teile des Rumpfes taumelten ins Meer. Der Anblick ließ ihn an ein bekanntes Lied denken, das »Herbstblätter« heißt und eine schwermütige Beschwörung des Sommers ist. Dann realisierte er, daß sich Menschen im Flugzeug befunden hatten. »Nun, sie oder wir«, dachte er grimmig.

Auf seinem Tribünenplatz am Beach Red wartete Harris Hammersmith darauf, daß der Luftangriff vorüber

(Großes Bild) Eine Rauchsäule, wahrscheinlich vom Transporter George F. Elliot, *ist links von der* Chicago *im Hintergrund zu erkennen.*

(Oben links und rechts) Obwohl von erfahrenen, gut ausgebildeten Besatzungen geflogen, hatten die Bettys einen schweren Fehler – ihre Tanks waren nicht gegen Flakfeuer geschützt. So fingen sie leicht Feuer. (Unten) Ein Betty-bomber ohne Heck.

war. Er hatte nicht genug Benzin, um wieder starten zu können, geschweige denn, die *Quincy* wieder zu erreichen. Es sah so aus, als ob er die Nacht an Land verbringen mußte. Dann kam ihm eine pfiffige Idee, die er einem skeptischen Hauptmann der Marines unterbreitete. Es kostete ihn seine ganzen Überredungskünste, aber schließlich überließ ihm der Hauptmann zehn Gallonen Panzersprit – genug für einen sicheren Rückflug zu seinem Schiff. Als er abhob, war der Luftangriff vorbei, und das Entladen ging weiter.

Der zweite Luftangriff auf die Invasionsflotte hatte sich als genauso ineffektiv und verlustreich erwiesen wie der vom Vortag. Obwohl diesmal der Transporter *George F. Elliot* beschädigt worden war, ging das Anlanden der Nachschubgüter bis zur Dunkelheit weiter. Dann wurde es wegen der Verstopfung des Strandes auf Befehl Admiral Turners eingestellt. Auf Guadalcanal hatten die Marineinfanteristen endlich den Flugplatz erreicht. Dort zeigte sich, wie vollständig der Feind von der alliierten Invasion überrascht worden war. In den Zelten standen noch Teller mit Frühstücksresten. Große Mengen Versorgungsgüter – Verpflegung, Waffen und Baumaterial – waren zurückgelassen worden. Im Gegensatz zu General Vandegrifts Vermutung hatte sich nur eine kleine Abteilung japanischer Kampfgruppen auf Guadalcanal befunden. Der Rest waren Bautruppen, die zumeist aus in den Dienst gepreßten Koreanern bestanden.

Auf und bei Tulagi würden die Scharmützel noch einige Tage andauern, aber am Abend des 8. August war der organisierte Widerstand gebrochen. Alle wichtigen Ziele waren erreicht. Es war fast zu einfach gewesen.

Jedoch war Admiral Turner keineswegs erfreut, sondern

Von seiner Gefechtsstation auf der Canberra *aus hatte Henry Hall einen guten Überblick auf die Luftangriffe am 8. August.*

voller Wut. Er hatte gerade erfahren, daß Admiral Fletcher seine drei Flugzeugträger zurückzog und Turners Schiffe gefährlich exponiert zurückließ. Von Anfang an hatte Fletcher schwere Bedenken gegen das ganze Unternehmen gehabt. Es hatte der ganzen Überredungskunst von Turner und Vandegrift bedurft, um ihren Chef zu bewegen, wenigstens drei Tage vor Guadalcanal zu bleiben. Jetzt hatte der Befehlshaber der Expeditionsstreitkräfte festgestellt, daß die Torpedoflugzeuge eine inakzeptable Bedrohung seiner Träger darstellten. Er entschied sich, sie einen ganzen Tag früher aus der Gefahrenzone zu bringen. Vor dem Morgen würden sie gut außer Reichweite sein.

Bei Einbruch der Dunkelheit bat Turner General Vandegrift und Admiral Crutchley zu einem Treffen an Bord seines Flaggschiffs, dem U.S.S.-Transporter *McCawley*. Für den Marinebefehlshaber hatte er schlechte Neuigkeiten. Ohne den Schutz der trägergestützten Jäger war es die einzig vernünftige Entscheidung, für alle Schiffe, die jetzt vor Guadalcanal standen, den Rückzug anzuordnen.

Admiral Crutchley erhielt Admiral Turners Einladung an Bord seines Flaggschiffs. Der schwere Kreuzer *Australia* führte ein Patrouillengeschwader an, das die südwestliche Ansteuerung zum Sund sicherte. Der britische Admiral, erst kürzlich von der Royal Navy zur Royal Australian Navy überstellt, befehligte die Kriegsschiffe, die die Transporter gegen nächtliche Überwasserangriffe zu schützen hatten. Zu diesem Zweck hatte er seine Geschwader in drei Gruppen aufgeteilt, die jeweils einen der möglichen Anmarschwege des Feindes überwachten.

Die südwestliche Ansteuerung zum Sund war einer der wahrscheinlichsten Angriffswege des Feindes. Zusammen mit der *Australia* wurde diese Zufahrt von den schweren Kreuzern *Chicago* und *Canberra* bewacht. Sie wurden von den Zerstörern *Bagley* und *Patterson* begleitet. Diese Schiffe dampften im Fahrwasser südlich von Savo auf einem ungefähr zwölf Meilen langen, von Südost nach Nordwest parallel zur Küste verlaufenden Kurs auf und ab. Die andere wahrscheinliche Angriffsroute durch die etwas breitere Nordwestpassage zwischen Savo und Florida stand unter der Verantwortung von Captain Frederick Riefkohl, Kommandant des schweren Kreuzers *Vincennes*. Die *Vincennes* fuhr zusammen mit den schweren Kreuzern *Quincy* und *Astoria* mit zehn Knoten Fahrt einen rechteckigen Patrouillenkurs ab. Jede halbe Stunde wurde an den Eckpunkten der Kurs geändert.

Währenddessen sicherte Konteradmiral Norman Scott mit den leichten Kreuzern *San Juan* und *Hobart* sowie den Zerstörern *Monssen* und *Buchanan* die östliche Zufahrt, die aufgrund ihrer Enge für einen Großangriff nicht in Frage kam, aber für U-Boote, Zerstörer und Schnellboote durchaus geeignet war. Schließlich wachten als

(Oben) Victor Crutchley, den die Australier den »alten Ziegenbart« nannten, traf sich mit Turner und Vandegrift (unten), um die Lage nach dem Rückzug der Träger zu diskutieren.

einsame Vorposten vor den westlichen Zufahrten die Zerstörer *Blue* vor der Südwestansteuerung und *Ralph Talbot* vor der Nordwestansteuerung. Beide waren mit einer frühen Form des Radars ausgerüstet, worüber die Japaner nicht verfügten. Aber seine Effektivität wurde mangelhaft genutzt und durch die Landnähe gestört. Beide Vorposten patrouillierten auf einem sechseinhalb Seemeilen langen Sperrkurs, aber es gab keine Koordination zwischen ihnen, so daß sie zeitweise weit voneinander entfernt waren.

Crutchley informierte seinen Stellvertreter, *Chicagos* Kommandanten Howard Bode, daß er zu einem Treffen mit Admiral Turner ablief. Dann löste er die *Australia* aus dem Verband heraus und hielt auf die Transporter vor Beach Red zu. Er versäumte es, seine anderen Kommandeure zu informieren. Er ließ wohl Captain Bode in der Überzeugung zurück, daß seine Abwesenheit nur kurz sein würde. Das würde Bodes Entscheidung erklären, warum er mit der *Chicago* hinter der *Canberra* blieb und nicht die Spitzenposition übernahm, die normale Position eines Führungsschiffes, dessen Manöver dann auch im Eifer des Gefechts leicht verfolgt werden können. Schlimmer noch, Crutchley ließ die drei Gruppen zurück, ohne daß eine die Patrouillenkurse der anderen kannte. Außerdem hinterließ er keinen klaren Schlachtplan für den Fall eines japanischen Angriffs.

Kurz vor Sonnenuntergang warfen die Schiffe von Mikawas Angriffsflotte alles Brennbare von ihren Decks über Bord. Dann nahmen sie ihre Formation für den Nachtangriff ein. Das Flaggschiff *Chokai* übernahm die Spitze. Der Rest der Flotte folgte in einer Linie in Abständen von siebeneinhalb Kabellängen. Als die Sonne unterging, signalisierte Mikawa seinen Schiffen in bewußter Anlehnung an Lord Nelsons berühmtes Flaggensignal bei Trafal-

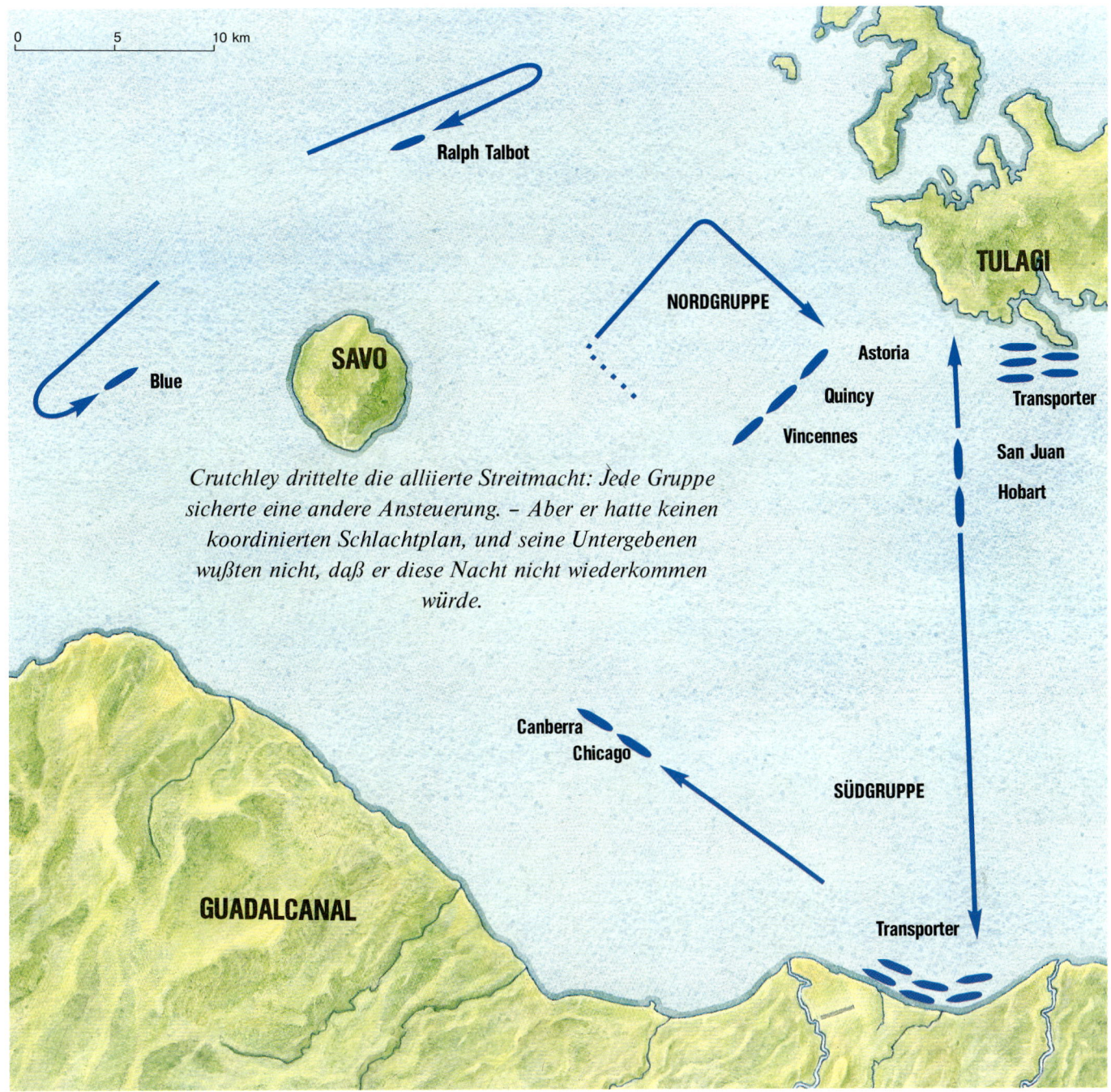

SAVO

Ralph Talbot

Blue

NORDGRUPPE

TULAGI

Astoria

Quincy

Vincennes

Transporter

San Juan

Hobart

Crutchley drittelte die alliierte Streitmacht: Jede Gruppe sicherte eine andere Ansteuerung. – Aber er hatte keinen koordinierten Schlachtplan, und seine Untergebenen wußten nicht, daß er diese Nacht nicht wiederkommen würde.

Canberra

Chicago

SÜDGRUPPE

GUADALCANAL

Transporter

gar: »In bester Tradition der Kaiserlichen Marine werden wir den Feind in einer nächtlichen Schlacht stellen. Ich erwarte, daß jeder Mann sein Bestes gibt.«

Einer, der diese Ermahnung mit anhörte, war Kurato Yoshiie, ein 24jähriger, der an Bord der *Chokai* einen Scheinwerfer bediente. Wie die meisten seiner Kameraden hatte er sich von der Euphorie der ersten Siege mitreißen lassen und die Soldaten und Seeleute seines Landes für unbesiegbar gehalten. Erst kürzlich hatten sich erste Zweifel gemeldet. Seine Kameraden und er hatten

Gerüchte über die fürchterlichen Verluste der Schlacht bei Midway gehört. Jetzt hatten die Amerikaner tatsächlich eine Insel angegriffen, die von den japanischen Streitkräften gehalten wurde. Die eigenen Flugzeuge, die sie vor ein paar Stunden vom heutigen Angriff gegen die feindlichen Landungsstreitkräfte zurückkehren sahen, waren so dezimiert, daß sie noch nicht einmal in Formation flogen. Das Essen aus Reis und kalten Bohnen lag ihm schwer im Magen. Er war nicht hungrig gewesen, aber er hatte jeden Krümel aufgegessen. Jetzt grü-

belte er, ob diese Mahlzeit wohl seine letzte gewesen war.

Die drei Männer, die im warmen Licht der Offiziersmesse von der U. S. S. *McCawley* saßen, waren mürrisch. Die Augen Admiral Turners hinter den Gläsern seiner Drahtgestellbrille blickten müde. Er bezwang sein übliches schulmeisterliches Gehabe, als er die Auswirkungen von Admiral Fletchers Rückzug mit seinen Flugzeugträgern erläuterte. Admiral Crutchley strich sich den feuerroten Bart und stimmte Turners Schlußfolgerung zu. Es war unklug, die Landungsstreitkräfte den japanischen Luftangriffen ohne Fletchers Luftunterstüt-

zung auszusetzen. Ein Rückzug am nächsten Morgen war die beste Lösung. Vandegrift drückte höchste Besorgnis darüber aus, daß er auf sich allein gestellt mit den bis jetzt gelöschten Versorgungsgütern auskommen sollte, aber konnte sich den logischen Argumenten der Admirale nicht entziehen. Er bat um Erlaubnis, sich ein Bild von der Situation auf Tulagi machen zu dürfen, wo noch immer gekämpft wurde, bevor man eine endgültige Entscheidung traf. In dieser Absicht bestieg Vandegrift kurz vor Mitternacht den Zerstörer und Minenräumer *Southard* und überquerte den stillen Sund.

Die drei Männer hatten auch die morgendlichen Beobachtungen der Hudsons von Mikawas Geschwader

(Oben) Kurato Yoshiie diente auf Admiral Mikawas Flaggschiff, dem schweren Kreuzer Chokai *(links und unten), während der erfolgreichen Invasion Malaysias und Singapurs.*

ben annahm, bevor noch das Gegenteil bewiesen war.

Wie sorglos Turner und Crutchley waren, zeigen die nächsten Schritte des britischen Admirals. Als Crutchley wieder auf der *Australia* eintraf, die geborgen innerhalb des Zerstörerschirms ankerte, der die Transporter absicherte, ging er zu Bett, ohne daran zu denken, Captain Bode oder seine anderen unterstellten Kommandeure davon zu informieren, daß er vor dem Morgen die Patrouille nicht wieder erreichen würde. Captain Riefkohl auf der *Vincennes* war jetzt Dienstältester der beiden westlichen Patrouillen und im Falle eines japanischen Angriffs der taktische Oberbefehlshaber, aber er wußte es nicht.

Kurz nach 23.00 Uhr ließ Admiral Mikawa seine Seeflugzeuge starten. Er machte sich Sorgen, weil seine Piloten mit Nachtstarts keine Erfahrung hatten, aber es gab keine Zwischenfälle. Vor Mitternacht ließ er lange weiße Wimpel an den Signalrahen setzen, damit sich seine Schiffe untereinander erkannten. Dann erhöhte er die Fahrt von 24 auf 26 Knoten. Das erste Seeflugzeug meldete feindliche Kreuzer südlich von Savo. Um Mitternacht ließ er die Gefechtsstationen besetzen und erhöhte die Geschwindigkeit auf 28 Knoten. Dunkle stille Schatten jagten durch die tropische Nacht. Bis auf die schäumende Bugwelle und das kochende Schraubenwasser waren sie fast unsichtbar. Wolken und gelegentliche Regenschauer verdeckten die Sterne. Der Mond war noch nicht aufgegangen, die Dunkelheit vollkommen. Die japanische Flotte flog ihrem Schicksal entgegen – in den Tod oder zum höheren Ruhm des Tenno.

diskutiert, aber sowohl Turner als auch Crutchley waren schließlich zu der Überzeugung gekommen, daß diese feindlichen Einheiten keine unmittelbare Bedrohung bedeuteten. Irrtümlich gingen sie davon aus, daß die zusätzlich angeordneten Aufklärungsflüge durchgeführt worden waren. Aus der ersten Beobachtung von »Seeflugzeugtendern« hatte Turner geschlossen, daß der Gegner eine Wasserflugzeugbasis einrichten wollte. Er nahm an, in der Rekata Bay an der Nordwestküste von Santa Isabel, hundert Meilen im Nordwesten. Von dort aus würden die Japaner dann am nächsten Morgen – dem 9. August – Luftangriffe fliegen. Das war ein fataler Fehlschluß, weil er nicht den schlimmsten Fall als gege-

KAPITEL DREI

DIE SCHLIMMSTE NIEDERLAGE

8. August 1942

An Bord der H. M. A. S. *Canberra* verlief die Wache am 8. August von 20.00–24.00 Uhr ruhig. Die Australier waren von den vergangenen zweieinhalb Tagen erschöpft, während derer sie auf oder in der Nähe ihrer Gefechtsstationen gelebt hatten. Jetzt befand sich das Schiff nicht mehr in höchster Alarmbereitschaft, und die Besatzung versuchte sich zu erholen. So lag der Marineoberassistenzarzt Kenneth Morris schlafend in der Messe. Heizer George Faulkner verbrachte schwitzend seine letzte Stunde auf Wache im hinteren Kesselraum. Im Munitionsraum für Turm Y hatten der Vollmatrose Stephen St. George und mehrere andere die schwere Brandschutzbekleidung abgelegt und spielten Karten.

Kurz vor Mitternacht machte sich Leutnant Mackenzie Gregory auf den Weg zur Brücke der *Canberra*, um seinen Dienst als einer der Offiziere auf der Wache von 00.00–04.00 Uhr anzutreten. Er registrierte, daß Savo in einer Regenbö verschwunden war und leichter Dunst die Sicht etwas verminderte. Aber er konnte die beiden begleitenden Zerstörer *Patterson* und *Bagley* klar an Backbord und Steuerbord ausmachen. Obwohl er die *Chicago* nicht sehen konnte, wußte Gregory, daß der schwere Kreuzer etwa 600 m hinter ihnen war und der *Canberra* folgte. In der Ferne grollte Donner.

Mehrere Meilen weiter nördlich war die Stimmung auf der U.S.S. *Quincy* ähnlich gedämpft. Captain Samuel

Amerikanische Kreuzer unter Feuer. »Die schlimmste Niederlage zur See«, wie Historiker meinen.

Moore war wie alle Kommandanten der alliierten Schiffe schlafen gegangen, allerdings lag seine Seekabine nur wenige Schritte von der Brücke entfernt. Soweit er wußte, würde die Nacht über routinemäßig Patrouille gefahren.

Gegen 23.45 Uhr ging Quartermaster Thomas Morris Kapitänleutnant Edmund Billings purren, der die Wache um Mitternacht übernehmen sollte. Billings war einer der älteren Offiziere an Bord und verschlief manchmal. Nachdem er wach geworden war, fragte er: »Junge, ist irgendetwas auf der Brücke los?« »Nein, Sir, alles ist ruhig«, antwortete Morris. Ein paar Minuten später vergewisserte sich Morris, daß der Kapitänleutnant auf war. Billings paffte schon seine Pfeife und fragte nochmals, ob auf der Brücke etwas los sei. Offensichtlich war er weniger als sein Kommandant geneigt zu glauben, daß die Japaner in dieser Nacht nicht angreifen würden. »Keine besonderen Vorkommnisse«, erwiderte Morris.

Mitternacht ging vorüber, und die japanische Streitmacht stürmte ungesehen und unerwartet vorwärts. Um 00.40 Uhr entdeckte der Ausguck auf der *Chokai* den unverwechselbaren Umriß Savos eben an Backbord. Alle Augen auf der Brücke durchbohrten die Nacht nach einem Hinweis auf den Feind. Plötzlich rief ein Ausguck: »Schiff 30 Grad an Steuerbord, einwandernd!« Es war die *Blue,* einer der beiden Vorpostenzerstörer, der etwas mehr als sechs Meilen voraus den Kurs der *Chokai* kreuzte.

Ein weniger kaltblütiger Befehlshaber hätte das Feuer eröffnen lassen. Aber Admiral Mikawa dachte ruhig nach. Dann befahl er: »Backbord Ruder! Umdrehungen für 22 Knoten!« Die langsamere Fahrt würde die Bugwellen der Schiffe verringern. Die Beobachter auf der Brücke der *Chokai* warteten. Der alliierte Zerstörer fuhr weiter. Es gab kein Anzeichen dafür, daß er die Japaner bemerkt hatte. Dann wendete er zur Freude und Überraschung der Angreifer und fuhr denselben Kurs zurück, den er gekommen war. Die Erleichterung wurde aber fast sofort von neuer Spannung abgelöst, denn ein anderes Schiff wurde gesichtet, diesmal von Backbord. Es dampfte jedoch nach Nordosten und verriet auch durch keine Reaktion, daß es die Japaner gesichtet hatte. Es handelte sich um einen Inselversorger, der sich zufällig in die Gefechtszone verirrt hatte. So schlüpfte die Angriffsflotte unentdeckt durch die beiden Wachzerstörer und hielt auf die südliche Ansteuerung des Sundes zu und auf die unachtsamen Kreuzer *Canberra* und *Chicago* mit ihren beiden Zerstörern *Bagley* und *Patterson.*

(Oben) Die Canberra *war wenige Minuten nach Feuereröffnung dutzende Male getroffen. Eine Granate verwundete den Kommandanten, Captain Frank Getting (unten) schwer.*

Gegen 04.10 Uhr wurden die dunklen Schatten der feindlichen Schiffe voraus und an Steuerbord gesichtet, Entfernung fünf Meilen. Genau nach Plan explodierte eine Fallschirmleuchtbombe von einem der Seeflugzeuge über der Szene und machte die Nacht zum Tag. Auf der *Chokai* gab Kapitän Mikio Hayakawa den Befehl: »Torpedos klar zum Feuern nach Steuerbord! Torpedos los!«

Als die *Canberra* sich dem westlichen Ende des Patrouillenkurses näherte, herrschte Ruhe auf der verdunkelten Brücke. Die meisten älteren Offiziere schliefen. Leutnant Gregory bereitete sich darauf vor, den Navigator zu rufen, damit er vor der vorgesehenen Kursänderung um 02.00 Uhr den Standort bestimmen konnte. Plötzlich wurde die Stille durch eine Explosion zerrissen. Gregory hatte gerade auf die Kartenhausuhr geblickt, die 01.43 Uhr anzeigte.

Im vorderen Leitstand der *Canberra* telefonierte Vollmatrose Henry Hall mit dem Mann auf dem Geschützdeck der 10,2-cm-Kanonen, als plötzlich ein grünweißes Licht die Nacht erhellte. »Verdammt verrückte Yanks!«

murmelte er, »was zum Teufel soll denn das?« Er konnte nicht begreifen, warum die Amerikaner Leuchtkugeln schossen. Das nächste, was er sah, war sein zersplitterter Telefonhörer. Der Mann neben ihm sank mit einem von Splittern zerfetzten Gesicht tot zu Boden. Instinktiv fiel Hall auf die Knie.

Die Männer auf der Brücke der *Canberra* handelten schnell, aber ihre Gegenmaßnahmen waren unzureichend und kamen zu spät. Captain Frank Getting erschien, als die Alarmglocken schrillten, und wurde informiert, daß vor dem Backbordbug Torpedolaufbahnen gesichtet worden waren. Der Rudergänger drehte das Schiff unverzüglich nach Steuerbord, damit die schweren Türme feuern konnten. Granaten regneten auf sie herab, bevor die Kanonen richtig geladen waren. Mindestens zwei Granaten schlugen in der Nähe der Brücke ein, töteten den Artillerieoffizier und verwundeten den Kommandanten schwer. Andere Treffer setzten beide Kesselräume außer Gefecht und damit den Antrieb des Schiffes. Mehrere Granaten durchschlugen den gesamten Schiffskörper und traten an der Steuerbordseite unter der Wasserlinie wieder aus. Seewasser strömte ein.

Tief drinnen im Heck zwischen dem vorderen Propellerpaar im Munitionsraum des Y-Turmes hörten Leichtmatrose Bert Warne und die anderen das hydraulische Summen, mit dem der Turm in Feuerstellung gerichtet wurde. Plötzlich vernahm Warne eine Reihe gedämpfter Explosionen, die in einem lauten Knall direkt über ihnen kulminierten, gefolgt von einer Funkenwolke, die ihren Weg durch die fest verschlossene Luke gefunden hatte. Schweiß begann ihm über das Gesicht zu laufen. In der Brandschutzmontur wurde es unerträglich heiß. Sollte die Granate die Männer über ihnen ausgelöscht haben, die ihnen im Notfall die Fluchtluke öffnen sollten, dann würde dieser kleine Raum sein Grab werden. Schlagartig erstarb das Maschinengeräusch, dann wurden die Lampen dunkler, und die Propeller kamen langsam zum Stillstand. Plötzlich schwang die Luke über ihren Köpfen krachend auf, ein Kopf erschien und brüllte: »Raus!« Ein Befehl, den er nicht zu wiederholen brauchte.

(Oben) Granattreffer beraubten die Canberra *jeder Energiequelle. Bert Warne (oben) wurde beinahe mit seinen Kumpels unten im Schiff eingeschlossen.*

Im vorderen Wohndeck unter Back bemerkte Marineoberassistenzarzt Morris erst, daß das Schiff getroffen worden war, als Verwundete hereingewankt kamen. Er hatte kaum begonnen, die ersten zu versorgen, als der Raum in Dunkelheit lag. Mit einer an einem Stirnband befestigten Taschenlampe als Beleuchtung tat er sein Bestes, die Wunden zu nähen und zu verbinden. Er verlor jedes Zeitgefühl.

Leutnant Gregory erreichte seine Gefechtsstation im vorderen Leitstand gerade bevor das Schiff antriebslos wurde. Obwohl die Granaten rings um ihn herum einzuschlagen schienen, hatte er es bis hierher geschafft, ohne einen Kratzer abzubekommen. Einen Augenblick später schlug eine Granate dicht neben seiner Station ein, der Mann neben ihm wurde schwer verwundet.

Auf der verwüsteten Kompaßplattform der Brücke lehnte Captain Getting jede medizinische Hilfe ab, bis alle anderen Verwundeten versorgt waren, obwohl sein rechtes Bein vom Knie abwärts zerschmettert war. Bald darauf erschien der Leitende Ingenieur McMahon, um den Schaden unten zu melden. »Sir, ich fürchte, es sieht schlecht aus«, sagte er, »der Maschinenraum ist getroffen worden.« Getting flüsterte eine Antwort: »Tun Sie Ihr Bestes, Mac.« Aber es gab nur wenig, was getan werden konnte.

Für den Leichtmatrosen Warne begann der Schrecken dieser Nacht erst richtig, nachdem er und seine Kumpels aus dem Munitionsraum des Y-Turms sich durch die Luke in den darüber liegenden Raum gequetscht hatten. Jetzt lagen drei gefährliche Decks zwischen ihnen und ihrer Sicherheit. Sie suchten sich ihren Weg durch den dicker werdenden Qualm, der gelegentlich durch die knisternden Flammen des brennenden Deckbelags erhellt wurde. Ein atemberaubend schwefeliger Gestank breitete sich aus, der in Warnes Augen und Kehle brannte und seine Lungen verätzte. Mit jeder verstreichenden Minute wurde es schwieriger zu atmen. Als er sich dem Oberdeck näherte, lichtete sich der Rauch, und er kam an vielen Verwundeten vorbei. Schließlich erreichte er das offene Deck. Dort brach er zusammen und inhalierte gierig den Sauerstoff, derweil ein sanfter tropischer Regen fiel. Der Schauer erschien ihm wie ein Geschenk des Himmels.

Die erste Phase der Schlacht war für die Japaner ein Scheibenschießen gewesen. Kein Torpedo schien die *Canberra* getroffen zu haben, aber zumindest einer riß einen großen Teil vom Bug der *Chicago* weg. Obwohl sonst unbeschädigt, hatte die *Chicago* Schwierigkeiten, ihre Geschütze zum Tragen zu bringen, denn sie begann nach Westen abzulaufen – weg von der Schlacht. Folglich waren, nur Minuten nach Beginn des Kampfes, die beiden alliierten Kreuzer effektiv außer Gefecht gesetzt.

Mikawa drehte nun mit seinem Verband nach Norden auf die Schiffe zu, die den Nordwesteingang zum Sund bewachten. Während dieses Manövers teilte sich seine Schlachtlinie in zwei ungefähr parallele Zangenarme auf – wahrscheinlich weil die manövrierunfähige *Canberra* der *Furutaka* im Weg lag. Jedenfalls bestand die östliche Linie aus den Schiffen *Chokai, Aoba, Kako* und *Kinugasa,* die westliche Gruppe aus der *Furutaka,* der *Tenryu* und der *Yubari.*

Das einzige alliierte Schiff der südlichen Patrouille, das die Japaner ernsthaft angriff, war der Zerstörer *Patterson,* obgleich die beschädigte *Chicago* anscheinend während des Rückzugs nach Westen einen Treffer auf der *Tenryu* erzielte. Die beiden achteren 12,7-cm-Kanonen

der *Patterson* wurden getroffen, aber der Crew gelang es, das auflodernde Feuer unter Kontrolle zu bringen. Währenddessen machte sich Commander Frank Walker an die Verfolgung und erzielte einen Treffer auf der *Kinugasa,* bevor er den Befehl erhielt, zu einem Treffpunkt mit anderen, nicht im Gefecht befindlichen Zerstörern zu laufen, um einen großen gemeinsamen Torpedoangriff zu unternehmen. Der Befehl stammte von Admiral Crutchley, der keine Ahnung hatte, was sich wirklich abspielte, aber verspätet versuchte, von der *Australia* aus, die immer noch vor Beach Red zwischen den Transportern ankerte, das Kommando zu übernehmen. Walker war der einzige, der einen Alarm absetzte. Um 01.46 Uhr, als er die gegnerischen Kreuzer zum erstenmal sichtete, funkte er: »Warnung! Warnung! Fremde Schiffe laufen auf den Hafen zu!« Wäre diese Warnung beherzigt worden, wäre die nördliche Patrouille etwas besser auf den Feuersturm vorbereitet gewesen, der sie bald überrollen sollte.

Die erschöpften Kommandanten der drei Kreuzer der Nordgruppe – *Vincennes, Quincy* und *Astoria* – schliefen noch immer in ihren Kabinen, als im Süden die Schlacht begann. Sie wurden nicht geweckt, obwohl die Brückenwachen mehrere nicht identifizierte Flugzeuge bemerkt und dann ferne Leuchtkugeln beobachtet hatten, die die Japaner zu Beginn des Angriffs abfeuerten. Auf allen drei Schiffen spielte man die Vorwarnungen herunter: Die Flugzeuge erklärte man zu eigenen, und die Leuchtbomben interpretierte man als Leuchtkugeln, die diese Flugzeuge illuminieren sollten.

Die Brückenwache der *Vincennes* folgerte als erste, daß etwas schief lief, und weckte Captain Riefkohl. Aber aus irgendeinem Grund wurde er nicht von der Funkwarnung der *Patterson* informiert. Riefkohl konnte im Süden Geschützfeuer erkennen und schloß daraus, daß die Südgruppe Feindberührung hatte. Er befürchtete jedoch, daß es sich um ein Ablenkungsmanöver vor dem Hauptangriff handeln könnte. Hätte doch nur Captain Bode auf der *Chicago,* der im Gegensatz zur *Canberra* über ein Sprechfunkgerät verfügte, daran gedacht, die Nordgruppe zu informieren, welchen Kräften er gegenüber stand! Unsicher, was er tun sollte, befahl Riefkohl seinen drei Kreuzern, die Geschwindigkeit auf 15 Knoten zu erhöhen. Dann harrte er der Dinge, die da kommen sollten.

Captain Moore erreichte die Brücke der *Quincy* in dem Augenblick, als die aufgeregten Alarmhörner über-

Die Vincennes *(unten) und die* Astoria *(rechts) bildeten mit ihrem Schwesterschiff* Quincy *die Nordgruppe unter Captain Frederick L. Riefkohl (Einsatz).*

all im Schiff »Alle Mann auf Gefechtsstation« quackten. Gegen 01.50 Uhr, bevor er noch Zeit hatte, sich einen Überblick über die Situation zu verschaffen, beleuchteten Scheinwerfer alle drei Kreuzer – die *Vincennes* vor ihm und die *Astoria* hinter ihm.

»Feuer frei auf die Schiffe mit den Scheinwerfern!« befahl er. Aber die 20,3-cm-Geschütze der *Quincy* waren nicht gefechtsbereit. Ungeduldig brüllte Moore: »Hauptartillerie Feuer frei!« Bevor die Kanonen feuerten, bekam sein Schiff die ersten Treffer – erst am Heck, dann auf der Brücke.

Als der Alarm ertönte, sprang Quartermaster Thomas Morris aus seiner Koje. Er eilte nach achtern auf seine Gefechtsstation. Draußen an Deck war es hell wie am lichten Tag, die Scheinwerfer tauchten das Schiff in gleißendes Licht. Männer rannten auf ihre Plätze. Morris kletterte eilig die Leiter zur Kommandozentrale Zwei empor. Das war eine bunkerähnliche Abteilung weit oben im achteren Aufbau. Sollte die Brücke zerstört werden, konnte das Schiff von hier aus befehligt werden. Während Morris die Kopfhörer aufsetzte, blickte er auf die Uhr am Schott: 01.50 Uhr. Dann brach die Hölle los.

Draußen auf dem Hangardeck kletterte Leutnant Harris Hammersmith in Richtung auf das Steuerbordkatapult nach oben. Er hatte nur einen Gedanken im Kopf, seine Gefechtsstation zu erreichen, den Aufklärer Nr. 2. Er hatte gerade den Fuß des Katapults erreicht, als der Aufklärer Nr. 1 der *Quincy* in Brand geriet und brennen-

des Flugbenzin versprühte. Reflexartig ließ Hammersmith die Leiter los und ließ sich auf das Hangardeck fallen, wo er auf allen Vieren landete. Er ignorierte den Schmerz in den Händen und Knien und machte sich auf den Weg zum 12,7-cm-Geschützstand – Nr. 3 an der Steuerbordseite mittschiffs – um zu sehen, ob er dort helfen konnte.

Es war nichts zu tun, also kauerten sich Hammersmith und zwei andere Männer vor dem Geschützstand zusammen. Das Geschütz feuerte, wurde wieder geladen, feuerte wieder. Als nächstes konnte er sich daran erinnern, daß ihn ein gewaltiger Schlag mehrere Meter weit gegen ein Schott schleuderte – und ihm so das Leben rettete. Der Geschützstand war ein rauchendes Wrack, die beiden anderen Männer, die eben noch neben ihm gewesen waren, lagen tot an Deck. Seine einzige Wunde war ein kleiner Kratzer auf einem Handrücken.

Alle drei Kreuzer der Nordgruppe steckten bald in ernsten Schwierigkeiten. Captain Riefkohl wunderte sich, warum er keine Nachricht von Admiral Crutchley erhalten hatte, den er immer noch bei der Südgruppe vermutete. Da fanden erst die Scheinwerfer, dann die Granaten die *Vincennes*. Als seine schweren Kanonen zurückzuschlagen begannen, war die *Vincennes* schon ein brennendes leichtes Ziel für die japanischen Entfernungsmesser.

Die *Astoria,* der dritte schwere Kreuzer in der nördlichen Patrouillenlinie, hatte als letzter gefechtsklar ge-

macht und war auch der letzte, der Anzeichen von Kampfgeist zeigte. Unter anderen Umständen hätte die totale Verwirrung der meisten ihrer führenden Offiziere höchst erheiternd gewirkt. Eine Ausnahme bildete der Artillerieoffizier Kapitänleutnant William Truesdell, der schon im Hauptfeuerleitstand saß. Er bat die Brücke wiederholt, Alarm zu geben, aber der Wachhabende lehnte ab. Schließlich, als der Feind schon das Feuer eröffnet hatte, handelte Truesdell eigenmächtig und eröffnete das Feuer mit den schweren Waffen. Ein Wehrpflichtiger, Quartermaster A. Radke, löste den Alarm aus, ohne auf einen Befehl zu warten.

Die Abschüsse brachten Captain William Greenman auf die Brücke, wo er sofort »Feuer einstellen!« befahl, bis er sicher sein konnte, daß es feindliche Ziele waren. So wurden weitere wertvolle Sekunden verschenkt. »Um Himmelswillen geben Sie den Befehl zum Feuern!« bat Truesdall, während weitere Salven um den Kreuzer herum einschlugen. Schließlich erteilte Captain Greenman die Erlaubnis zum Feuern.

Die drei amerikanischen Kreuzer, alle in Flammen, waren gute Ziele für die Japaner und fanden sich bald zwischen den beiden feindlichen Linien wieder, von denen sie gnadenlos beharkt wurden. Eigentlich ist es erstaunlich, daß sie trotzdem so gut kämpften. Die Kanoniere auf der *Vincennes* schafften es, die Ruderanlage auf dem schweren Kreuzer *Kinugasa* zu beschädigen. Um 02.30 Uhr – alle seine Geschütze waren ausgefallen –

mußte Captain Riefkohl jedoch den Befehl zum Verlassen des Schiffes geben. Die letzte Salve der *Astoria* flog über das anvisierte Ziel hinweg und traf Admiral Mikawas Flaggschiff, wobei sie den vorderen 20,3-cm-Turm der *Chokai* außer Gefecht setzte.

Den größten Schaden fügte den Japanern trotz ihrer vielen Wunden die *Quincy* zu. Auf der schwerbeschädigten Brücke merkte Captain Moore, daß er unter Kreuzfeuer lag. Er befürchtete, die *Vincennes* zu rammen, und drehte hart nach Steuerbord auf die östliche Gruppe der japanischen Angreifer zu, wobei er mit allem feuerte, was er hatte. Bei diesem Angriff trafen Torpedos das Schiff. »Wir stoßen in sie hinein! Heizt ihnen ein!« brüllte er. Zwei oder drei Granaten der *Quincy* trafen den Kartenraum der *Chokai* knapp sieben Meter hinter Admiral Mikawa und töteten die meisten Männer im Raum.

Dann, kurz nach 02.10 Uhr, verwüstete ein weiterer Treffer die Brücke der *Quincy* und tötete fast alle Männer. Captain Moores letzte Worte zum Signalgast, der inmitten der Flammen und dem Gemetzel am Ruder stand, waren: »Setz' das Schiff auf Land!« Der Signalgast drehte das Schiff in Richtung Savo, aber es bestand keine Hoffnung, daß die *Quincy* es bis dorthin schaffen konnte. Sie nahm bereits viel Wasser

(Seite 58–59) Der japanische Kreuzer Yubari *beschießt die amerikanischen, die von japanischen Scheinwerfern angestrahlt werden.*

durch zwei Torpedotreffer an Backbord. Der letzte Schlag kam um 02.16 Uhr, als ein weiterer Torpedo einschlug, offensichtlich Steuerbord achtern. Das Schiff begann schnell zu sinken.

Der Treffer dicht der Brücke lähmte Admiral Mikawa und seinen Stab für einen Augenblick. Die drei amerikanischen Kreuzer, obwohl in Flammen gehüllt, erwiderten das Feuer mit zunehmender Genauigkeit, bis es dann fast gleichzeitig einschlief.

Mikawa war nun mit einer schwierigen Entscheidung konfrontiert. Sollte er zum Stützpunkt zurückkehren oder seine Kräfte neu formieren und die Transporter angreifen? Es war kurz nach zwei Uhr früh. Es blieben ihm weniger als vier Stunden bis zum Tagesanbruch und dem sicheren Gegenangriff der Trägerflugzeuge. Er hatte keine Ahnung, daß sich Admiral Fletcher zurückgezogen hatte. Er würde zwei dieser kostbaren Stunden benötigen, um seine Schiffe in Schlachtformation zu bringen. Außerdem konnte er nicht sicher sein, ob nicht doch noch weitere feindliche Kriegsschiffe existierten. Schließlich gab er um 02.23 Uhr den Befehl: »Allgemeiner Rückzug!« Nicht alle seiner Untergebenen waren mit seiner Entscheidung einverstanden. Aber Mikawa hatte sich entschlossen. Mit etwas Glück konnte sein ablaufendes Geschwader die amerikanischen Träger in die Reichweite der landgestützten japanischen Luftwaffe locken, was seinen Erfolg krönen würde.

So kam es, daß die Japaner die Gelegenheit verpaßten, die Invasionsflotte zu vernichten oder doch schwer zu dezimieren. Mikawa hate einen großen Sieg errungen, aber er würde sich als Pyrrhussieg erweisen.

Als Thomas Morris auf der *Quincy* wieder zu Bewußtsein kam, erschien es ihm, daß er in der Hölle erwachte. Die Kommandozentrale zwei brannte, das Ruder, der Kompaß, alle Instrumente waren fort. Das letzte, woran er sich erinnern konnte vor seiner Bewußtlosigkeit, war, daß der Mann neben ihm noch immer seine Kopfhörer getragen hatte und dabei in Flammen stand. Jetzt schien Morris alleine in diesem verfluchten Inferno zu sein. Seltsamerweise fühlte er keinen Schmerz, aber als er aufstehen wollte, konnte er das nicht. Sein linkes Hüftgelenk war zerschmettert. Angst und Hoffnungslosigkeit überkamen ihn, er begann zu weinen. Dann betete er. Schließlich riß er sich zusammen und begann zu kriechen, wobei er nur seine Hände benützte. Seine Hand landete als erstes in einer warmen, klebrigen Mas-

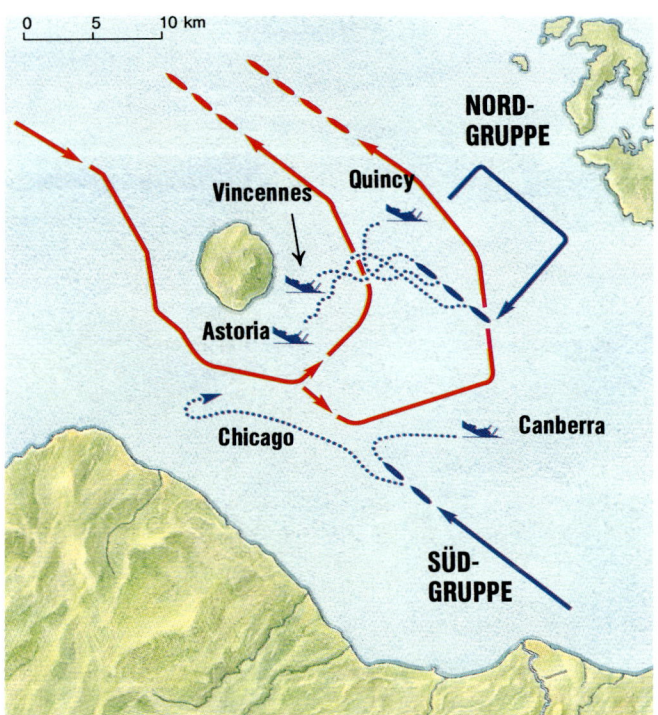

Nach der Ausschaltung der Canberra *und der* Chicago *schlossen die Japaner die Nordgruppe ein.*

se. Er durfte sich nicht eingestehen, daß das die Eingeweide eines Mannes waren – es war besser, überhaupt nicht zu denken. Er zog sich nach draußen auf das Deck, wo er Flammen und weitere gefallene Männer sah. Er erkannte eine der Leichen, den Signalgast Sullivan. Sie waren Freunde gewesen. Er versuchte seinen Kameraden aufzuwecken, aber Sullivan schlief für immer.

Morris stellte jetzt fest, daß sein Weg durch das Schutzschild einer Kanone versperrt war. In seinem Zustand war das ein unüberwindliches Hindernis. Da sah er ein Manntau in der Nähe, eine Leine, in die faustgroße Knoten als Kletterhilfen geknüpft waren. Er sammelte Kräfte, von denen er nicht gewußt hatte, daß er über sie verfügte, und zog sich über das Hindernis, nur um festzustellen, daß er jetzt frei in der Luft hing. Da rief jemand: »Laß los!« Das tat er. Sein Fall wurde aufgehalten, und so landete er sanft auf dem Dach von Turm drei.

Der Seemann, der seinen Fall abgebremst hatte, ließ ihn auf das Achterdeck hinunter, von wo andere zugeschaut hatten. Ein Apothekermaat zog Morris die Kleidung bis auf das Leinenhemd aus und tat was er konnte, um die Wunden zu verbinden. Die Wunde befand sich so weit oben an seinem linken Bein, daß der Druckverband immer wieder verrutschte. Währenddessen nahm die Schlagseite des Schiffes zu, und das Heck hob sich aus dem Wasser.

Die brennende Quincy *im Scheinwerferlicht, von einem japanischen Schiff aus gesehen. Die Flammen links stammen von der* Vincennes.

Oberbootsmannsmaat George Strobel beruhigte Morris, dann trug er ihn zur Backbordreling. »Ich werde dich nicht im Stich lassen, mein Sohn«, versprach er ihm, dann fielen sie zusammen ins Wasser. Aber Strobel ließ ihn los, und Morris geriet in Panik. Er hatte das Gefühl, daß er weiter und weiter in die Tiefe fiel, daß er unter das sinkende Schiff geriet und von ihm hinabgezogen wurde. Aber er kämpfte sich wieder an die Oberfläche und schnappte nach Luft – und Strobel war schon da. Strobel zog ihn zu einem Korknetz hinüber, das die Form einer schwimmenden Tonne hatte. Morris klammerte sich daran fest. Dann schwamm der Bootsmann weg, um einem anderen Verwundeten zu helfen. Als er zurückkehrte, band er ihre beiden Hände mit einem Gürtel über dem treibenden Netz zusammen. Endlich konnte sich Morris entspannen.

Im achteren Rudermaschinenraum über dem Ruder quoll Rauch so schnell durch den Ventilator, daß die drei Männer, die dort stationiert waren, entschieden, ihn zu schließen. Aber dann wurde die abgestandene Luft unerträglich. Die letzte Information, die Quartermaster Nathaniel Corwin über seinen Kopfhörer von der Brücke erhalten hatte, lautete, daß die *Astoria* getroffen worden sei. Jetzt hatte Corwin keinen Kontakt mehr mit der Brücke oder der Kommandozentrale Zwei. Man brauchte ihm nicht zu sagen, daß die *Quincy* in ernsten Schwie-

rigkeiten steckte. Plötzlich wurde es dunkel in dem engen Raum. Nur der Strahl der kleinen Gefechtslaterne beleuchtete die Ruderlagenanzeige. Als das Schiff sich nach Backbord überlegte, entschieden sie, daß es an der Zeit war zu verschwinden. Aber die Luke war glühend heiß vom Feuer an Deck, und sie hatten alle Mühe, sie zu öffnen. Schließlich gelangte Corwin auf das glitschige, blutbedeckte Deck und rutschte direkt über die Seite. Er landete auf jemandem, der schon im Wasser schwamm.

Viele Augen sahen zu, als die *Quincy* versank. Oberst Warren P. Baker, der als Artilleriebeobachter der 1. Marineinfanteriedivision an Bord gewesen war, beschrieb es so: »Eine gewaltige Explosion lief durch die *Quincy*, als sie zu sinken begann. Sie kenterte nach Backbord und ging steil mit dem Bug voran unter. Das Heck ragte hoch in die Luft, die Propeller drehten sich noch.« Es war jetzt 02.35 Uhr. Weniger als eine Stunde war vergangen, seit die Scheinwerfer der *Chokai* die Offiziere der *Quincy* zur Besinnung gebracht hatten.

Hunderte von Männern, die in dem warmen, ölverseuchten Wasser schwammen, machten sich Gedanken über die vor ihnen liegende Nacht. Sie fürchteten die Haie und fragten sich, ob die japanischen Schiffe zurückkehren würden. Die *Vincennes* und die *Astoria* zeichneten sich brennend gegen den dunklen Himmel ab. Erstere sank 15 Minuten nach der *Quincy,* bei der *Astoria* dauerte es erheblich länger.

Die ersten beiden Opfer des japanischen Überraschungsangriffs, die *Canberra* und die *Chicago,* schwammen noch. Die glücklichere der beiden war die *Chicago,* die bis auf den Torpedotreffer am Bug keine schweren Beschädigungen davongetragen hatte. Ihr Antrieb funktionierte, und sie war manövrierfähig. Im Gegensatz dazu war die *Canberra* ein schwimmender Alptraum. Der Kommandant war schwer verwundet, ein riesiges Feuer loderte mittschiffs, die Bordwand war durchlöchert, die Aufbauten waren ruiniert. Die Schlagseite nach Steuerbord wurde stärker.

Vollmatrose Henry Hall, der den vorderen Leitstand verlassen hatte, als das Schiff ohne Antrieb war, half, Verwundete aus dem Brückenbereich – der jetzt einem Schlachtplatz aus verbogenen Stahlteilen und toten oder sterbenden Männern glich – auf das Backdeck abzutransportieren. Marineoberassistenzarzt Morris hatte seine medizinische Praxis auf die Back verlegt, wo er im Licht von Taschenlampen die Verwundeten behandelte, denen er helfen konnte. Es regnete, zeitweilig heftig. Um ihn herum lagen Köpfe ohne Körper, Rümpfe ohne Gließmaßen, aber er konzentrierte sich auf die Lebenden. Er hörte nicht einmal auf zu fluchen, als ein übereifriger Offizier rief: »Die Lampen löschen!« Als ob ihre schwachen Funzeln die rasenden Feuer überstrahlen konnten, die das Schiff meilenweit sichtbar machten. Ein Mann, dessen Bauchdecke von einem Splitter aufgerissen worden war, sagte zu jedem, der vorbeiging: »Tritt nicht auf meine Därme.«

Vollmatrose Stephen St. George durchsuchte das Vorschiff nach Verwundeten. Es schien Jahre her zu sein, daß er mit seinen Kumpels im Munitionsraum für Turm Y Karten gespielt hatte, als die Schlacht begann. Er stieg die Treppe von der Offiziersmesse, dem Hauptverbandsplatz, zur Lobby der Quartermaster hinauf, als er auf einen Mann namens Halliwell traf, der sich auf die Schulter eines Matrosen stützte. »Laßt uns durch, Jungs, ich habe nur ein Bein«, verkündete Halliwell in fast fröhlichem Tonfall. Bei einem späteren Abstecher zur Offiziersmesse fand St. George den Marineoberassistenzarzt und die beiden Schiffsgeistlichen bei harter Arbeit. Er bot den Lebenden Zigaretten an, dann fand er den Biervorrat der Offiziere und gab jedem der Verwundeten ein Glas. Als er dem Doktor und den Geistlichen dasselbe offerierte, lehnte der katholische

Bevor sie zum Wrack geschossen wurde, war die Quincy, *aus allen Rohren feuernd, aus der Linie ausgeschert.*

Priester ab – so trank St. George den göttlichen Anteil.

Diejenigen, die nicht mit der Versorgung der Verwundeten beschäftigt waren, warfen Munition über Bord oder bildeten Eimerketten, um die Feuer so gut es ging zu bekämpfen. Irgendwann entschloß sich Leutnant Gregory, zum vorderen Leitstand zurückzugehen, um seine Offiziersmütze herauszuholen – er hatte sie in der Schlacht zur Seite geworfen, um sich einen Stahlhelm aufzusetzen. Es ging ihm nicht so sehr um die Mütze als um das goldbestickte Abzeichen, das er sich während seines Leutnantslehrgangs in England bei einem Londoner Marineausstatter gekauft hatte. Die Abzeichen, die man in Australien bekam, waren aus Blech gestanzt und nicht annähernd so chic. Als Gregory jedoch seine Gefechtsstation erreichte, fand er nur ein großes Loch vor, wo seine Mütze gewesen war.

Gegen 03.30 Uhr kam der Zerstörer *Patterson* an der Backbordseite vorne längsseits und begann die Verwundeten zu übernehmen, darunter den noch atmenden Captain Getting. Außerdem stellte er Pumpen und Feuerwehrschläuche zum Löschen zur Verfügung. Die Evakuierung verlief bis gegen 4.30 Uhr glatt, als jemand auf der *Patterson* rief: »Alle Lichter aus!« Man hatte ein feindliches Schiff gesichtet. Der Zerstörer warf rasch alle Leinen los und legte ab. Ihr Kommandant rief: »Wir

kommen zurück!« Ein paar Granaten jaulten über den Köpfen, und die *Patterson* antwortete mit ein paar Salven, bevor der »Feind« als die *Chicago* identifiziert wurde, die ebenfalls nun ihren Fehler erkannte. Die *Patterson* kehrte zur *Canberra* zurück, dann kam auch der Zerstörer *Blue* heran und unterstützte die Hilfsaktion.

Einige Meilen weiter im Norden kämpften noch immer Hunderte von Männern an Bord der *Astoria*, um das Sinken des Schiffes zu verhindern. Sie bekämpften das Feuer mittschiffs so verbissen, daß die vordere Gruppe nichts von der achteren wußte. Die Überlebenden der *Vincennes* und der *Quincy* klammerten sich unterdessen an Rettungsflöße, Korknetze, leere Granatenkisten und Pulverbüchsen – an alles, was schwamm. Gelegentlich durchschnitt ein Schrei die Stille, wenn ein Hai sich einen Verwundeten holte. Einmal pflügte ein abgedunkeltes Schiff – ob ein befreundetes oder japanisches, wußte niemand – lautlos vorbei und verschwand wieder. Gelegentlich regnete es.

Sanitätsgehilfe zur Ausbildung John Giardino klammerte sich an zwei Pulverkanister und dachte an zuhause. Seine Wunden beunruhigten ihn nicht sonderlich. Er hatte eine Schnittwunde am Kopf, einen Splitter in der Schulter und einen weiteren tiefen Schnitt im Rücken,

aber das Salzwasser schien die Blutung zum Stillstand gebracht zu haben. Seine stärkste Beschwerde war ein leichter Kopfschmerz. Aber er fühlte sich schrecklich einsam im Wasser und in der Dunkelheit. »Warte nur, bis ich das meiner Schwester Carm erzähle«, dachte er. Carmella schrieb ihm jeden Tag, und ihre Briefe bedeuteten ihm alles. Plötzlich wurde ihm klar, daß er seine Schwester vielleicht nie wiedersehen würde.

Trotz der schweren Treffer blieb die Canberra *bis zum nächsten Morgen schwimmfähig (ganz oben und oben), unterstützt von Zerstörern, die das Feuer bekämpften und die Crew evakuierten.*

Als eines der Rettungsflöße überfüllt war, legten ein paar der Männer den Feuerwehrmann William Montgomery auf ein Korknetz, das wie eine schwimmende Bahre wirkte. Die Splitterwunde in seinem Bein schmerzte nicht allzu stark, Bewußtlosigkeit und klare Momente wechselten, dabei verfolgte er die leisen Gespräche neben sich. Eine der Stimmen kam ihm bekannt vor. »Bist du das, Jenny?« erkundigte er sich. »Ja, wer fragt?« kam die Antwort. »Snipe« – das war die Slangbezeichnung an Bord für einen Feuerwehrmann. Montgomery war Maschinist auf dem Motorboot gewesen, wo Jenny – Decksmann Thaddeus Janeczko – als »Heckhaken« arbeitete, verantwortlich für den achteren Bootshaken beim Anlegen. »Komm her, wir quatschen 'ne Runde«, rief Janeczko aus. »Nun, Jenny, das kann ich nicht«, erwiderte Montgomery. Also rutschte Janeczko aus dem Floß, schwamm zu seinem Freund hinüber und kletterte auf das Netz. Den Rest der Nacht verbrachte er dort mit gekreuzten Beinen sitzend, Montgomerys Kopf in seinem Schoß gebettet.

Kurz vor der Dämmerung kam Hilfe durch die *Ellet,* einem Zerstörer, der die Transporter abgeschirmt und an der Schlacht nicht teilgenommen hatte. Zwei Seeleute mit Gewehren achteten auf Haie, derweil die Überlebenden, zuerst die Verwundeten, an Bord gehievt wurden.

Inzwischen barg der Zerstörer *Bagley* die Seeleute, die zusammengedrängt am Bug und Heck der noch immer brennenden *Astoria* aushielten. Später sammelten andere Schiffe Schiffbrüchige auf, die aus dem Kampfgebiet getrieben waren oder vergeblich versucht hatten, ihre Rettungsflöße nach Savo zu paddeln. Zumindest ein Floß mit Überlebenden der *Quincy* trieb hinaus auf die See. Alle Männer wären gestorben, wenn nicht ein amerikanisches Aufklärungsflugzeug das Floß entdeckt und Verpflegung, Wasser und Medikamente abgeworfen hätte. Als die Schiffbrüchigen geborgen wurden, waren nicht weniger als zwei Wochen seit dem Untergang der *Quincy* vergangen.

Als Thomas Morris an Bord der *Ellet* gebracht wurde, war sein größter Wunsch ein Glas Wasser. Aber nach mehreren hastigen Schlucken kam ihm alles wieder hoch – und alles ergoß sich über die Uniform des Offiziers, der ihn stützte. Er war zu krank, um Harris Hammersmith zu erkennen, der ihn Jahre später an diesen Zwischenfall bei einem Treffen der Überlebenden der *Quincy* erinnerte. Nach einigen weiteren vergeblichen Versuchen, das Wasser bei sich zu behalten, wurde Morris bewußtlos. Man trug ihn in eine Offizierskoje unter Deck. Später erwachte er voller Panik vom Kanonendonner – er war sicher, daß die Japaner zurückgekommen waren, und dieses Mal würden sie alle dran glauben müssen. Später erfuhr er, daß die *Ellet* auf Admiral Turners Befehl die *Canberra* versenkte.

Obwohl Hammersmith jetzt in Sicherheit war, wurde ihm einfach nicht warm. Er stand offensichtlich unter Schock. Schließlich stieg er in den heißen Maschinenraum hinunter. Der Leitende Ingenieur begrüßte ihn und bot ihm eine Tasse Kaffee an. Als er den ersten kleinen Schluck nahm, erstickte er fast. Der Kaffee bestand zur Hälfte aus Bourbon. Später würde er erzählen: »Es war der verdammt beste Drink, den ich je in meinem Leben bekommen habe.«

Auf der *Canberra* brannten noch Feuer, aber sie schien nicht zu sinken. Es bestand jedoch keine Hoffnung, die Maschinen zu reparieren. Also entschied Admiral Crutchley gemäß Turners Befehl, daß sie auf den Grund geschickt werden sollte. Kurz nach Tagesanbruch wurden die letzten Verwundeten geborgen, und die letzten Offiziere verließen das Schiff. Dann kam der Zerstörer *Selfridge* heran. Trotz 263 Granaten vom Kaliber 12,7 cm und vier Torpedos weigerte sich die widerspenstige Lady, aufzugeben. Gegen 07.30 Uhr mischte sich auch Zerstö-

rer *Ellet* ein – das war das Geschützfeuer, von dem Tom Morris kurz geweckt wurde. Es war einer von den Torpedos der *Ellet*, der ihr den Gnadenstoß versetzte. Um 08.00 Uhr, nachdem alle ihre überlebenden Offiziere und Mannschaften an Land gebracht worden waren, legte sich die H. M. A. S. *Canberra* auf die Steuerbordseite und versank über den Bug.

Die Nacht vom 8. auf den 9. August kann für Admiral Turner nicht angenehm gewesen sein. Von seinem Flaggschiff *McCawley* aus, das zwischen den anderen Transportern vor dem Beach Red ankerte, konnte er die fernen Leuchtbomben der Flugzeuge und das Mündungsfeuer der Kanonen sehen. Er wußte also, daß eine Schlacht tobte, aber konnte weder die Kräfteverteilung noch den Ausgang erahnen. Dabei stand er vor einer schwierigen Entscheidung. Admiral Fletchers Träger befanden sich bereits außer Reichweite. General Vandegrift hatte noch nicht über die Situation auf Tulagi berichtet, und es würde mindestens noch zwei Tage dauern, bis die gesamte Verpflegung, Treibstoff und Ausrüstung von den Schiffen nach Guadalcanal gebracht worden waren. Wie er Vandegrift bei ihrem Treffen am Vorabend erklärt hatte, war der Rückzug seiner Schiffe die einzig vernünftige Lösung. Trotzdem entschied er sich, um mit den Worten des Historikers Richard Frank zu sprechen, »einen Tag länger zu bleiben und die Güter ohne Luftdeckung zu löschen und bewies damit großen persönlichen Mut«. Zum letzten Mal sandte er Fletcher eine Nachricht mit der Aufforderung, die abgezogenen Träger zurückzuführen. Fletcher antwortete nicht.

Nach Tagesanbruch, als Turner die Niederlage in ihrem ganzen Ausmaß übersehen konnte, muß er ernsthaft darüber nachgedacht haben, seine Entscheidung zu ändern. Doch er blieb dabei und hatte Glück. Die Japaner, die diesen Tag gemeldet wurden, konzentrierten ihre Anstrengungen darauf, den Zerstörer *Jarvis* zu versenken, der beim Luftangriff am 8. August beschädigt worden war. Alle Männer kamen um.

Sogar ohne diesen letzten Schlag war das Ausmaß des japanischen Sieges gegen eine überlegene Streitmacht niederschmetternd: Vier schwere Kreuzer waren versenkt, dem standen leichte Beschädigungen der *Chokai* und der *Tenyru* gegenüber. Es war die schlimmste Niederlage, die die Vereinigten Staaten in einer Seeschlacht jemals erlitten hatten. Die Männer der *Jarvis* nicht mitgezählt, hatten die Alliierten 1077 Tote und 700 Verwundete zu beklagen, nur 58 Japaner waren gefallen und 70 verwundet worden. Zwei Kommandanten der Alliierten fielen während oder kurz nach der Schlacht. Captain Samuel Moore ging mit der *Quincy* unter, Captain Frank Getting, der für eine schnelle Beförderung zum Admiral vorgesehen war, erlag noch an diesem Tag seinen Verwundungen. Captain Bode von der *Chicago,* der sein Versagen nicht verwinden konnte, den Feind zu stellen, beging Selbstmord.

Während der Dämmerung war Admiral Mikawas Streitmacht in ihrer üblichen Flugabwehrformation zerstreut. Mikawa lief unruhig auf der Brücke hin und her und beobachtete besorgt den Himmel. Er rechnete jeden Augenblick mit dem unvermeidlichen Luftangriff. Aber kein Flugzeug erschien. Am späten Morgen entließ er vier schwere Kreuzer zur weiter entfernten Basis in Kavieng an der nordwestlichen Spitze New Irelands. Mit den verbleibenden Schiffen versegelte er nach Rabaul. Der japanische Triumph wurde etwas getrübt, als am nächsten Tag ein einsames amerikanisches U-Boot die *Kako* versenkte.

Für die einfachen Seeleute auf der *Chokai* wurde die Siegesstimmung von Trauer überschattet. 34 ihrer Kameraden waren gefallen, 48 verwundet. Es war das erste Mal seit Ausbruch des Krieges, daß der Seemann Kurato Yoshiie die Schiffszimmerleute beim Sargtischlern sah. Er war abgeteilt worden, die Särge mit Körpern zu füllen. Das erwies sich als eine schreckliche Arbeit, denn viele der toten Männer waren in Stücke gerissen worden, und man mußte häufig raten, welcher Arm zu welchem Kopf und welchen Beinen gehörte. Der einzige Trost war, daß die Männer ehrenvoll gestorben waren.

In Japan wurde die Nachricht des großen Sieges mit Begeisterung aufgenommen. Er wurde als weiterer Beweis der Überlegenheit der japanischen Marine gewertet. Von der vernichtenden Niederlage bei Midway war bis jetzt keine Silbe an die Öffentlichkeit gelangt. Admiral Isoroku Yamamoto jedoch, Befehlshaber der Vereinigten Flotte, war nicht sonderlich erfreut. Er hinterfragte scharf Admiral Mikawas Unterlassung, die Transporter anzugreifen und zu zerstören und damit einen taktischen Sieg in einen entscheidenden strategischen zu

Obwohl die Chicago *(rechts) beschädigt worden war, wurde ihr Kommandant Howard Bode (unten) für seinen Rückzug kritisiert. Deswegen beging er später Selbstmord.*

verwandeln. Wahrscheinlich begriff Yamamoto besser als jeder andere japanische Befehlshaber, daß die Amerikaner um so schwerer von Guadalcanal zu vertreiben waren, je länger sie dort Fuß gefaßt hatten.

Trotzdem hatten die Japaner jetzt die Möglichkeit, die Kontrolle über den Flugplatz Guadalcanal zu erlangen. Im Morgengrauen des 9. August hievten die verbleibenden Kriegsschiffe und Transporter die Anker und dampften aus den Gewässern, die sich gerade ihren zukünftigen Namen verdient hatten: Eisensund. Admiral Turner

hatte nur wenig schwere Ausrüstung gelöscht und nur einen kleinen Teil der Verpflegung. Während der nächsten elf Tage, in denen sich die Marines eifrig darum bemühten, die Startbahn fertigzustellen, waren die schlecht ausgerüsteten Steitkräfte auf Guadalcanal und Tulagi ohne Luftschirm oder Marineunterstützung. Admiral King formulierte es so, als er von dem Debakel bei Savo erfuhr: »Die ganze Zukunft erschien plötzlich unvorhersehbar.«

(Oben) Der von einem amerikanischen U-Boot versenkte Kreuzer Kako *war Mikawas einziger größerer Verlust.*
(Unten) Nach dem Auslaufen von Turners Invasionsflotte am 9. August blieben die Marines auf sich gestellt.

AUF DEN SPUREN DER SCHLACHT VON SAVO

FÜNFZIG JAHRE NACH EINER DER GRIMMIGSTEN SEESCHLACHTEN IM ZWEITEN WELTKRIEG ENTDECKTEN WIR DIE VERSUNKENEN SCHIFFE AUF DEM EISENSUND VOR GUADALCANAL WIEDER.

Wir kamen im späten Juli 1992 an und hatten nur drei Wochen Zeit, die wichtigsten Wracks jeder Schlacht zu lokalisieren und zu fotografieren. Glücklicherweise war unser Schiff, die *Laney Chouest* (ein Versorger aus Louisiana, der für Arbeiten bei den Ölbohrplattformen im Golf von Mexiko erbaut worden war), ideal für diese Aufgabe. Es war mit einem hochwertigen dynamischen Positionierungssystem ausgerüstet, das es ihr erlaubte, sogar bei starken Strömungen und Winden ihre Position exakt einzu-

(Links) Unser Schiff, die Laney Chouest, *vor Guadalcanal. (Oben) Das Drei-Mann-U-Boot* Sea Cliff *startet zum Abtauchen. Es arbeitete mit der ferngesteuerten* Scorpio *zusammen.*

(Ganz oben) Das weite, offene Heck und die schweren Kräne der Laney Chouest waren ideal für den Einsatz der Sea Cliff, des Seitensuchsonars und der Scorpio.

(Oben) Das Tiefenschleppsonar wurde von der Scorpio und der Sea Cliff zur Auffindung lohnender Objekte benutzt.

halten – ein Muß bei Arbeiten an versunkenen Wracks. An Bord hatten wir ein hochentwickeltes Schleppsonar für große Tiefen (wir setzten es während der Suchphasen ein), *Scorpio*, eine ferngelenkte Kameraplattform, mit der die Standbilder geschossen wurden, und die *Sea Cliff*, ein Drei-Mann-U-Boot, das fast identisch mit der *Alvin* war, mit der wir die *Titanic* entdeckt hatten. Sowohl die *Scorpio* als auch die *Sea Cliff* gehören der U.S. Navy, die sich entschlossen hatte, unsere Expedition als Beitrag zum Gedenken des 50. Jahrestages der Guadalcanalinvasion zu fördern. Die *Sea Cliff* wurde von einem Marineteam aus U-Bootleuten bemannt, das zu der handverlesenen Truppe Veteranen früherer Expeditionen stieß. Zwei Geschichtsberater – Richard Frank, Autor von *Guadalcanal*, das Buch über den gesamten Feldzug, und Charles Haberlein vom Naval Historical Center in Washington D.C., Experte für Kriegsschiffe und Marinegeschütze – identifizierten Entdecktes.

Es waren über 30°C. Nur gelegentliche Regenschauer brachten Erfrischung. Uns plagten ständig Probleme mit der Ausrüstung. Immer, wenn eines unserer beiden Fahrzeuge einsatzbereit war, schien das andere einer Überholung zu bedürfen. Unsere zwei Hauptziele waren der schwere australische Kreuzer *Canberra* und der schwere amerikanische Kreuzer *Quincy*. Die *Canberra* ist das einzige australische Schiff, das in den Gewässern um Guadalcanal versenkt wurde. Außerdem war sie das Schiff, das in der ersten Phase der Schlacht die Hauptlast zu tragen hatte. Nach den Aussagen der Japaner, die sie auf den Grund schickten, leistete ihnen die *Quincy* den tapfersten Widerstand von den drei Kreuzern der Nordgruppe, die alle während der zweiten Phase des Gefechts versenkt wurden. Es war uns während unserer vorbereitenden Expedition 1991 jedoch nicht geglückt, eines dieser Schiffe zu orten. Und ohne sie konnten wir zur ersten großen Seeschlacht, die im Eisensund geschlagen wurde, keine neuen Erkenntnisse gewinnen. Aber am ersten Tag, als wir den letzten Suchkurs abliefen, den wir im vergangenen Jahr gefahren waren, nur um uns zu orientieren und um sicherzustellen, daß es keine Lücken zwischen den Suchgebieten gab, erschien die *Canberra* auf dem Sonarschirm. Unklar, warum wir sie 1991 verfehlt hatten. Technik ist leider nicht immer perfekt. Bert Warne, ein Überlebender der *Canberra*, saß mit uns im Kontrollraum, als wir die *Scorpio* über das Wrack seines früheren Schiffes steuerten. – Ein großes Erlebnis für ihn wie für uns. Unter seiner Führung passierte die *Scorpio* die Stelle, auf der er gestanden hatte, als die Schlacht da-

(Oben) Die Scorpio *taucht ins Wasser. (Links) Die* Scorpio *ist bereit zum Fieren. Sie wird über ein Glasfaserkabel gesteuert. Sie machte* die meisten Fotos und übermittelte Videobilder während der Untersuchungen am Wrack.

(Oben links) Die Sea Cliff *in ihrem Hangar kurz vor dem Tauchen. (Unten links) Die Marinetaucher und unser Drei-Mann-Team bereiten das Ausrollen vor. (Rechts) Nach dem Einsetzen überprüft die Crew die Systeme. Dann wird das Seil gelöst. Nach dem Auftauchen befestigen sie das Seil wieder zum Hieven.*

mals begann, den Munitionsraum unter Turm Y und die Luke, durch die er nach seiner alptraumhaften Wanderung durch die verqualmten Zwischendecks entkommen war.

Auch über die *Quincy* stolperten wir in den ersten Expeditionstagen. Das Sonar identifizierte ein Ziel, das die richtige Größe hatte und sich nur eine Meile entfernt von dem Ort befand, wo die Historiker den Untergangsort vermuteten. Aber technische Probleme an der *Scorpio* und der *Sea Cliff* verhinderten für mehrere Tage, daß wir sie in Augenschein nehmen konnten. Als uns das schließlich gelang, entdeckten wir, daß der Bug vor dem Turm eins abgerissen war, die verbliebenen Kanonen ragten hilflos ins Wasser. Die Brücke war ein Desaster. Sowohl die *Canberra* als auch die *Quincy* hatten während der 20minütigen Schlacht von Savo schreckliche Schläge einstecken müssen.

CANBERRA

In den ersten Minuten der Schlacht bei Savo wurde der schwere australische Kreuzer zusammengeschossen. Er hielt sich über Wasser bis zum Morgen, dann wurde er durch Granaten von Schiffen der Alliierten auf den Grund geschickt.

(Rechts) Diese Vorderansicht der Canberra *vermittelt einen Eindruck ihrer Größe und Stärke. (Oben) Einer ihrer Steuerbordanker ist auch noch nach 50 Jahren leicht zu erkennen. (Oben links) Der Wellenbrecher vor Turm A. (Oben rechts) Diese Stütze, vielleicht von der Reling, hängt jetzt über den Bug.*

H.M.A.S. Canberra

Mitgenommen, aber im wesentlichen intakt, richtet die Canberra *ihre Kanonen auf einen längst versunkenen Feind.*

1. Ankerkette

2. Wellenbrecher

3. Turm B hat sein Dach verloren

4. Die Brücke ist nach Steuerbord weggerutscht

5. Austritte zu den verschwundenen Schornsteinen

6. Bootsdavits

7. Flugzeugkatapult

8. Backbord-Torpedorohre

9. Die *Sea Cliff* und die *Scorpio* untersuchen das Heck

10. Hecklicht

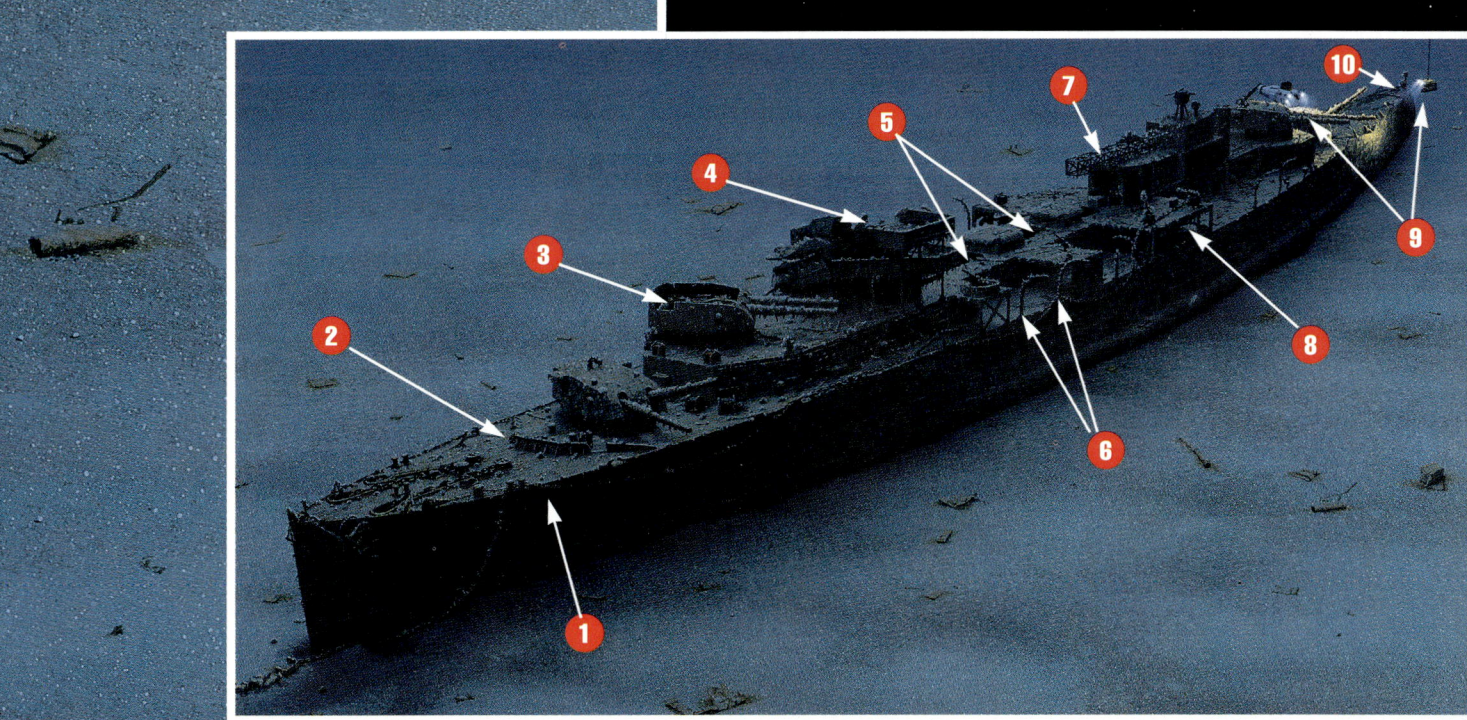

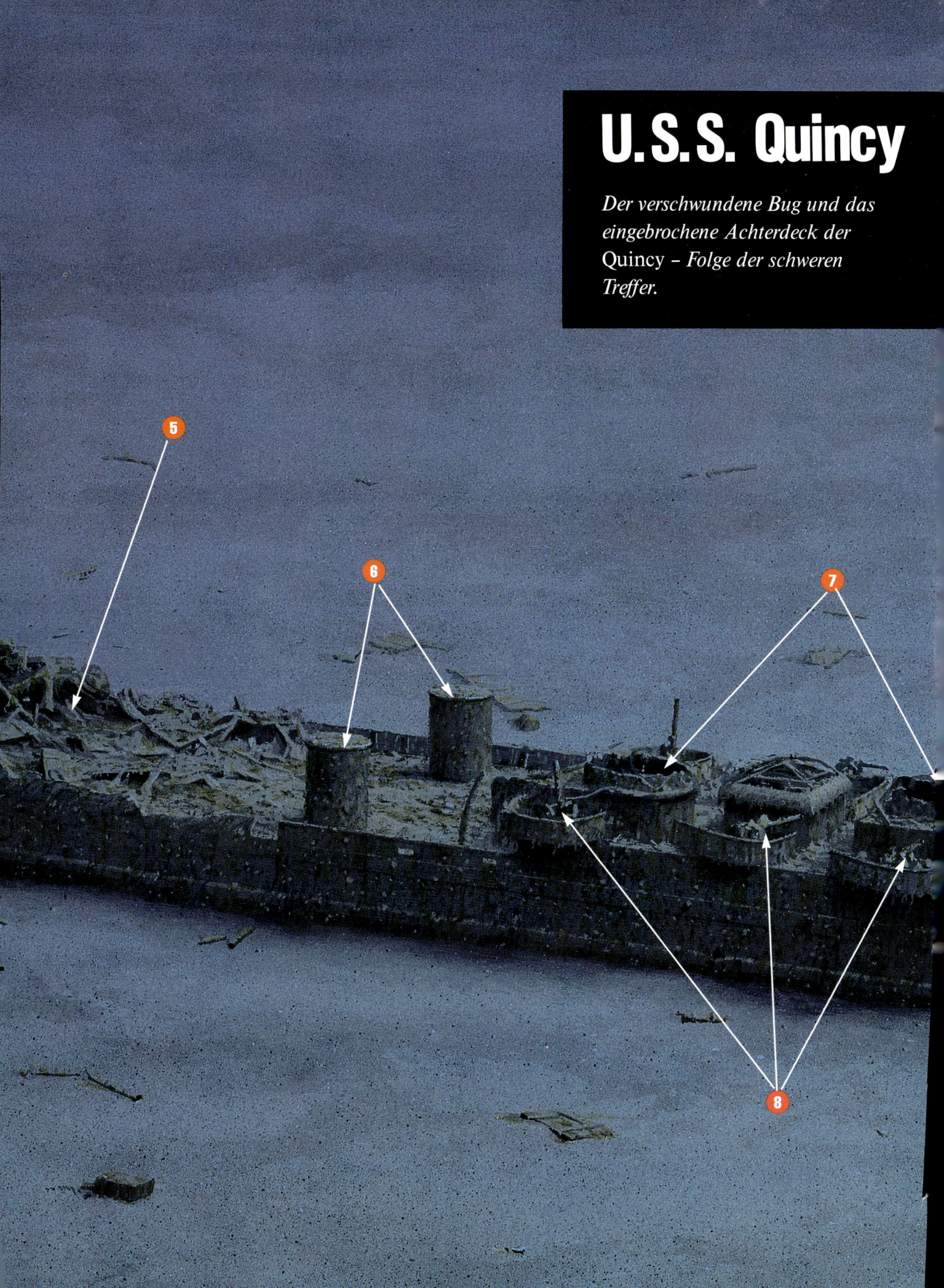

U.S.S. Quincy

Der verschwundene Bug und das eingebrochene Achterdeck der Quincy – Folge der schweren Treffer.

(Links) Die Canberra in Wellington, Neuseeland, kurz vor dem Auslaufen nach Guadalcanal. (Oben links) Brände beschädigten die Platten ihrer Steuerbordaufbauten, das Salz und die Zeit taten das übrige.

(Ganz oben) Der vorderste 20,3-cm-Turm der Canberra (siehe Einsatz) ist immer noch wie zum Feuern ausgerichtet. (Oben) Der Vierertorpedosatz an Steuerbord ist schwer beschädigt, aber durch Vergleich (rechts) mit einem ähnlichen Schiff erkennbar.

1. Rest des Flaggen-
stocks

2. Die achtersten
2,8-cm-Flakstände

3. Eingebrochenes
Deck

4. Umgekippter
achterer Aufbau

5. Zerstörter Hangar
der Aufklärungs-
flugzeuge

6. Fundamente der
Flugzeugkatapulte

7. Auslässe der
Schornsteine

8. 12,7-cm-Kanonen

9. Abgebrochener
Mast

10. Durch das Sinken
nach oben gebo-
genes Schutzblech

11. Geborstenes 20,3-
cm-Geschützrohr

12. Verklemmtes
Geschütz

13. Trennstelle Bug

QUINCY

DIE *QUINCY* WURDE IN DER ZWEITEN PHASE DER SCHLACHT BEI SAVO VERSENKT, LIEFERTE IHREN GEGNERN ABER BIS ZUR TORPEDIERUNG EINEN ERBITTERTEN KAMPF.

(Unten) Die U.S.S. Quincy *im Mai 1942 kurz vor der Überstellung zur Pazifikflotte. Die Metallverkleidung über den Brückenfenstern ist noch heute erkennbar (Seite 86 oben).*

(Oben links und rechts) *Die vorderen 20,3-cm-Kanonen der* Quincy, *wie sie früher aussahen, und der vordere Turm heute. Ein Rohr ist geborsten.*

Die Brücke der Quincy *(unten) und heute (Seite 88 rechts unten). Nahe der Brücke gab es einen Volltreffer, der schwere Schäden verursachte und viele Männer tötete. Die Flakbatterie über dem Kartenhaus knickte nach unten ab, während (Seite 88 unten links) das auffällige »Vogelbad« oben an der Brücke zum Schutz des*

Entfernungsmeßgerätes vom Wasserdruck beim Sinken nach oben gedrückt wurde. Die Heckpartie der Quincy *(oben) erhielt die ersten Treffer. Das Deck ist in diesem Bereich eingesunken (oben rechts), wodurch die zwei achteren Flakbatterien schief stehen und der achtere Turm (rechts) einsam hoch über dem Deck aufragt.*

(Links) Das 12,7-cm-Ge-
schütz ist dasselbe wie auf
dem Werftfoto der Quincy im
Vordergrund (oben).

(Oben) Die umgestürzte
Wanne ist einer der Flakleit-
stände der Quincy. Das
Gegenstück an Backbord ist
gerade noch auf dem obigen
Bild zu erkennen.

(Links) Die Heckansicht der Quincy *im Mai 1942. (Oben rechts) Das Heck heute. Die Einbeulungen dürften von Implosionen während des Sinkens herrühren. (Einschub) Der Flaggenstock am Heck. (Unten rechts) Der äußere Steuerbordpropeller über dem Schlamm des Eisensunds. Der innere Propeller ist verschwunden. Wahrscheinlich ist er beim Aufprall verlorengegangen.*

KAPITEL VIER

AUGE IN AUGE MIT DEM FEIND

August—November 1942

Martin Clemens gebot seinen Männern mit einer Handbewegung Halt, bückte sich und zog das Paar schwarze Ausgehschuhe an, die ihm ein anderer Küstenbeobachter geschickt hatte. Die Schuhe waren zu klein und schienen hier völlig unpassend zu sein, zumal sein Hemd zerrissen, die Shorts schmutzig und der Tropenhut zerknautscht waren. Aber Clemens wollte den besten nur möglichen Eindruck machen. Dann formierte er seine kleine Truppe aus eingeborenen Konstablern zu zwei sauberen Reihen, die altertümlichen Gewehre ordentlich auf den nackten Schultern ausgerichtet. Der Union Jack flatterte in der Brise. Schließlich marschierte er, einen kleinen weißen Hund an den Fersen, zum Strand. Am anderen Ende des langgestreckten weißen Streifens aus

Auf diesem Gemälde von Dwight Shepler beschießen schwere Haubitzen die Japaner.

(Oben) Martin Clemens mit seinen Scouts. Nachdem er die amerikanischen Linien erreicht hatte, wurde er Nachrichtenoffizier im Stab (rechts). Jakob Vouza (links), der bekannteste seiner Scouts, wurde von den Japanern gefaßt, gefoltert und als »Toter« zurückgelassen. Wie durch ein Wunder erreichte er die amerikanischen Linien wieder und erholte sich von seinen Wunden.

Korallensand hob ein Seesoldat sein Gewehr und zielte. Wenn er hier sterben müsse, dann wäre jetzt dieser Moment gekommen, dachte Clemens. Aber der junge Marineinfanterist schoß nicht, sondern starrte dem seltsamen Zug entgegen. Als dieser näher kam, senkte er das Gewehr und winkte sie heran.

Seit März war Clemens der einzige Vertreter der Britischen Krone auf Guadalcanal gewesen. Seit dem 20. Juni, als die Japaner die ersten Truppen landeten und eine feste Anlegestelle bei Lunga Point bauten, hatte er ihre Aktivitäten beobachtet und über Funk Berichte gesendet. Immer, wenn ihm der Boden unter den Füßen zu heiß wurde, hatte er seinen Standort gewechselt, stets in der Erwartung, daß ihn der Feind schließlich schnappen würde. Jetzt, als er sich den amerikanischen Linien näherte, hatte er Visionen von einem heißen Bad, einer guten Mahlzeit und einem weichen Bett. Er hatte noch nicht begriffen, daß aus dem isolierten Mann auf der Flucht nun ein Mitglied einer belagerten Garnison geworden war.

Es war der 14. August, als Clemens auf den erstaunten Wachposten zumarschierte, weniger als eine Woche nachdem Admiral Turners Schiffe abgefahren waren. In dieser Zeit hatten die Marines fieberhaft daran gearbeitet, die Rollbahn fertigzustellen – wobei ihnen das zurückgelassene japanische Baugerät sehr dienlich war – und sich auf den erwarteten feindlichen Gegenangriff vorzubereiten. Zu ihrem Glück war die japanische Luftflotte, die in Rabaul stationiert war, von ihren Angriffen auf die Landungsstreitkräfte so mitgenommen, daß sie sich still verhielt und erst am 14. August wieder einen Bombenangriff flog. Aber die Marines hatten immer noch keine Flugzeuge, kaum Artillerie und zu wenige Männer, um einer energischen japanischen Invasion widerstehen zu können. Ohne Flugzeuge – die versprochen waren, aber nicht kamen – und ohne Unterstützung durch Marine und Luftwaffe waren die Marines lediglich Schießbudenfiguren.

In dieser Situation war am 15. August die Ankunft von vier Schiffen mit Flugzeugbenzin, Bomben und Munition ein gutes Omen. Das bewies nicht nur, daß es möglich war, die Streitkräfte auf Guadalcanal zu versorgen, sondern auch, daß die Ankunft von Maschinen auf dem brandneuen Flugplatz Henderson Field bevorstand. Und in der Tat schwebten die ersten Flugzeuge fünf Tage später, am 20. August, ein – es waren 19 Wildcat-Jäger und zwölf Dauntless Sturzkampfbomber der Marine Air Group 23.

Inzwischen war Clemens dem Aufklärungs- und Nachrichtenstab General Vandegrifts zugeteilt worden, für den er eine unschätzbare Bereicherung war. Er organisierte mit seinen eingeborenen Scouts Patrouillen über die Insel, die alle gegnerischen Aktivitäten meldeten. In den nächsten Monaten, als die Marines schwer darum kämpften, den zerbrechlichen Ring um den Flugplatz zu halten und auszudehnen, erwies sich das als eine lebenswichtige Informationsquelle.

Während der Tage, die der Invasion folgten, hatten sich die Strategen im japanischen Kaiserlichen Generalstab die Köpfe über ihren Gegenschlag zerbrochen. Aber die Planungen wurden durch die Ungewißheit bezüglich Stärke und wahre Absichten der Amerikaner behindert. Diese Ungewißheit hatte ihre Wurzeln in einer unzureichenden nachrichtendienstlichen Aufklärung, dem Mißtrauen und der schlechten Kommunikation zwischen Armee und Marine, deren ständige Rivalität während des Krieges viele Probleme schuf. Die Marine hatte der Armee noch immer nicht das volle Ausmaß ihrer Verluste bei Midway gebeichtet, da man überzeugt war, einige Armeestrategen würden dann die amerikanische Offensive nicht mehr nur als »gewaltsame Aufklärung« betrachten, wie das ihre erste Einschätzung gewesen war. Aber sogar noch, als die japanischen Strategen die Anwesenheit so vieler Amerikaner registrieren mußten und man auf einen beabsichtigten Daueraufenthalt schließen konnte, neigten sie dazu, ihren Gegner zu unterschätzen. Zudem waren sie noch immer mit Neuguinea beschäftigt, wo der große Vorstoß über die Berge nach Port Moresby beginnen sollte. Das Ergebnis dieser verworrenen Situation war ein halbherziger Versuch, den Feind von Guadalcanal zu vertreiben.

Kurz vor Mitternacht des 18. August lief ein japanischer Zerstörerverband in den Eisensund ein und schlich sich an Lunga vorbei nach Taivu Point, das etwa 22 Meilen östlich vom Flugplatz liegt. Der japanische Oberkommandierende dieser Operation, Konteradmiral Raizo Tanaka, würde sich bald als Meister in der Kunst nächtlicher Truppenverstärkung erweisen. Aber weil das jetzt der erste japanische Versuch war, auf einer von gegnerischen Truppen besetzten Insel Truppen zu landen, war er besorgt. Er glaubte, daß die Chancen für seine Vorhut aus sechs Zerstörern unter Torajiro Sato schlecht stünden. Tanaka selbst kommandierte einen großen, langsameren Konvoi, der nach Plan einige Tage später eintreffen sollte. Tanaka hätte sich keine Sorgen zu machen brauchen. Die Amerikaner hatten keine Kriegs-schiffe oder Flugzeuge, die sie gegen die Japaner hätten ausschicken können, so traf Kapitän Sato auf keine feindliche Gegenwehr. Am 19. August gegen 01.00 Uhr waren etwas mehr als 900 Mann sicher am Ufer abgesetzt.

Diese Vorhut wurde von Oberst Kiyono Ichiki angeführt, einem hitzköpfigen Veteranen des Chinakrieges. Dieser war entschlossen, die Amerikaner von der Insel zu vertreiben, ohne auf die anderen Einheiten zu warten, die auf Tanakas langsamen Konvoi eingeschifft waren. Ichiki marschierte bis zur Dämmerung mit seinen Männern westwärts entlang der Küste. Dabei kamen sie etwas über neun Meilen voran, bevor sie dann im Dschungel auf die Nacht warteten.

Bis dahin waren General Vandegrifts kampfunerprobte Truppen auf Guadalcanal nur in gelegentliche Scharmützel mit den versprengten und unorganisierten japanischen Einheiten verwickelt worden, die sie bei ihrer plötzlichen Landung überrascht hatten. Aber der amerikanische Nachrichtendienst hatte Vandegrift vor einem ernsthaften japanischen Gegenschlag auf der Insel vor dem 20. August gewarnt. Die Berichte von Clemens Scouts auf Guadalcanal deuteten darauf hin, daß der Angriff von Osten kommen würde, eine Voraussage, die umso glaubwürdiger wurde, als drei japanische Zerstörer am Morgen des 19. August Tulagi beschossen; Tanaka hatte sie abgestellt, um die Aufmerksamkeit von Ichikis Landungsstelle abzulenken.

Gegen Mittag des 19. August stellte eine Aufklärungspatrouille unter Hauptmann Charles Brush eine Vorausabteilung, die Ichiki ausgeschickt hatte, um einen Verbindungsposten nahe der Lagune am Alligator Creek, etwa eine Meile östlich vom Flugplatz entfernt, einzurichten. Ichikis Männer teilten offensichtlich das übertriebene Selbstvertrauen ihres Anführers, denn sie ergriffen wenig Vorsichtsmaßnahmen, liefen in einen Hinterhalt und wurden fast alle getötet. Ihre frischen Armeeuniformen und die mitgeführten Dokumente machten klar, daß tatsächlich neue Truppen auf der Insel angekommen

waren. Aber General Vandegrift hatte damit überhaupt noch keine Vorstellungen über ihre Stärke und Zusammensetzung.

Vandegrift verstärkte seine Verteidigungslinie am Westufer des Alligator Creek und wartete ab. Aber er mußte nicht lange warten. Oberst Ichiki hatte es eilig. Unbeeindruckt vom Verlust einer ganzen Patrouille zog er seine Truppen vor und befahl den Angriff, ohne sich damit aufzuhalten, die feindlichen Stellungen aufzuklären. Bald nach Mitternacht, am 21. August, stürmten die Japaner über die Sandbank an der Mündung der Lagune. Die gut postierten Marines am Westufer mähten die Angreifer erbarmungslos nieder. Nur wenige konnten den Stacheldraht überwinden und die Verteidiger in einen Nahkampf verwickeln. Ein rechtzeitiger Gegenangriff vernichtete diese kleine Gruppe Japaner, und obwohl Oberst Ichiki seine Reserve in den Kampf warf, hielten die Marines die Stellung. Vor der Morgendämmerung zog der japanische Kommandeur den Großteil seiner Truppen in einen Kokospalmenhain etwa 200 Meter östlich der Lagune ab. Sporadische Feuerwechsel hielten die Nacht über an.

Ichikis beste Alternative bestand im Rückzug, aber er beharrte darauf, seine Stellung zu halten. Anscheinend war er unfähig zu glauben, daß die Amerikaner ihn schlagen könnten. Das gab den Marines die Möglichkeit, ihn zu überflügeln und ihm den Rückzug abzuschneiden. Am Nachmittag waren die überlebenden japanischen Einheiten in einem kleinen Dreieck zusammengepfercht, das von der Lagune und der See begrenzt wurde. Jetzt erst sah Oberst Ichiki ein, daß er eine schwere Niederlage erlitten hatte. Er verbrannte die Regimentsfahne und beging wie auch viele seiner Offiziere Selbstmord. Seine Männer kämpften weiter. Einige starben bei dem hoffnungslosen Versuch, die feindlichen Tanks ohne Panzerabwehrkanonen zu knacken. Andere wählten den einzigen Fluchtweg, die See, wo sie erschossen wurden oder ertranken. Nur ein unverwundeter Japaner geriet in Gefangenschaft.

(Seite 98) Oberst Kiyono Ichiki. (Oben) Viele Japaner starben beim Angriff über die Sandbank vor dem Alligator Creek. (Unten links) Andere wurden im Palmenhain getroffen. (Unten rechts) Sanitäter helfen einem japanischen Verwundeten, einem der wenigen Überlebenden von Ichikis Truppe.

Am Tag nach dieser Schlacht beschrieb Kriegsbericht- erstatter Richard Tregaskis die Szene: »Der Gestank der Leichen, die am Hell Point (der Punkt, an dem das West- ufer der Lagune auf die Sandbank trifft) und auf der Sandbank verstreut lagen, war stark. Viele lagen am Rand des Wassers, sie waren schon aufgedunsen und schimmerten wie Würstchen. Einige der Leichen waren halb vom angespülten Seesand bedeckt, so daß man ei- nen grotesk aufgedunsenen Kopf oder verdrehten Torso aus dem Strand wachsen sehen konnte . . . Aber dieses Gemetzel war ein schwaches Abbild, verglichen mit der Szenerie im Wäldchen hinter der Sandbank. Es war ein makabrer Alptraum. Wir sahen Haufen japanischer Lei- chen, zerfetzt von unserem Artilleriefeuer, die Überreste waren vom Feuer der Granateinschläge geröstet worden. Wir sahen zerstörte Maschinengewehrnester, deren Be- satzungen durch die Splittergeschosse unserer Panzer

(Oben) Japanische Veteranen kommen noch immer nach Guadalcanal, um nach Kameraden und Angehörigen zu suchen. Hier werden Kno- chen aus der Schlacht am Alligator Creek verbrannt. (Unten) Alligator Creek, dahinter die Rollbahn von Henderson Field.

zerhackt worden waren. Die Kettenspur eines unserer Tanks verlief direkt über fünf zerquetschte Leichen, in der Mitte lag ein zerbrochenes MG auf einem flachgewalzten Zweifuß.« Die japanischen Verluste an Toten und Verwundeten waren schwindelerregend – fast 800 der 900 Soldaten von Oberst Ichikis Abteilung. Für die Marines, die wenig mehr als 100 Verluste hatten, davon 44 Tote, war die Schlacht am Alligator Creek ein einseitiger Sieg, aber sie verhalf ihnen zu einem bitteren Vorgeschmack auf die kommenden Kämpfe.

Während Oberst Ichikis Männer an der Mündung des Alligator Creeks sinnlos verheizt wurden, näherte sich Konteradmiral Tanaka Guadalcanal mit seinem langsamen Konvoi, der den Rest von Ichikis Abteilung an Bord hatte. Auf den Truppentransportern befanden sich 1.100 Männer mit ausreichend Versorgungsgütern und Munition – so glaubte man –, mit denen der Oberst eine vermutete kleine Besatzungsstreitkraft erledigen konnte. Anders als der erste schnelle Zerstörervorstoß wurde Tanakas Konvoi von starken Kräften der Vereinten Flotte gesichert, einschließlich dreier Flugzeugträger. Wichtiger als die Verstärkung Guadalcanals war für die japanischen Admirale die Aussicht, die amerikanischen Träger in ein Gefecht zu locken.

Auf amerikanischer Seite rechnete man mit dem Auslaufen der Vereinten Flotte, hatte dafür aber keine Bestätigung. Die Analyse des japanischen Funkverkehrs blieb ergebnislos. Admiral Fletcher und seine ansehnliche Einsatzgruppe mit drei Flugzeugträgern lauerte südöstlich der Insel, um die Versorgungswege Guadalcanals zu schützen, dabei blieb er gerade außerhalb der Reichweite der Flugzeuge des nächsten Landstützpunktes auf Rabaul. Beide Seiten schickten Aufklärer aus, um nach Spuren der jeweils anderen zu suchen. Die kommende Trägerschlacht würde weitgehend dadurch entschieden werden, wer wen zuerst entdeckte – und wer die Information am schnellsten in Taten ummünzte.

Am Nachmittag des 23. August, beide Seiten hatten noch keinen gegnerischen Träger entdeckt, stand Admiral Tanakas Konvoi ungefähr 250 Meilen nördlich von Guadalcanal. Er war unzufrieden. Zum einen hatte er erfahren, daß feindliche Flugzeuge jetzt vom Flugplatz auf der Insel aus operierten, was den Amerikanern die lokale Luftherrschaft sicherte. Zum anderen war einer seiner Zerstörer, den er vorausgeschickt hatte, um einen kleinen amerikanischen Konvoi anzugreifen, von Trägerflugzeugen attackiert worden. Und es kam noch schlim-

mer. Feindliche Flugboote hatten seinen Konvoi gefunden und beschatteten ihn. Ein Angriff feindlicher Flugzeuge am folgenden Tag schien sicher. Es war klar, daß er Luftunterstützung brauchte, um seine Aufgabe erfolgreich beenden zu können. Aber das Maß wurde vollgemacht, als er sich widersprechende Befehle erhielt. Am Morgen hatte ihm der Befehlshaber der 8. Flotte, Admiral Mikawa, befohlen, nach Norden abzudrehen, um all dem Verdruß aus dem Weg zu gehen.

Jetzt hatte ihm die 11. Luftflotte, die auch in Rabaul stationiert war, befohlen, die Landung am nächsten Tag durchzuführen. Tanaka widersprach mit der Begründung, daß einige seiner Schiffe einfach zu langsam wären, die Insel rechtzeitig zu erreichen.

(Oben) Konteradmiral Raizo Tanaka, der virtuose Meister des »Tokio-Expreß«.

(Oben) Eine Bombe schlägt auf der Enterprise *ein. Während der Schlacht bei den östlichen Salomonen wurde der Träger zeitweise außer Gefecht gesetzt. Am nächsten Tag wurde Tanakas Flagschiff* Jintsu *(rechts) schwer beschädigt. Die großen Träger* Shokaku *(unten) und* Zuikaku *erlitten hohe Verluste.*

Am 24. August – Tanakas Konvoi bewegte sich wieder in Richtung Guadalcanal – startete der leichte Träger, die *Ryujo*, der im Süden der japanischen Hauptmacht und nördlich von Guadalcanal stand, einen Luftangriff auf Henderson Field. Falls an diesem Morgen keine amerikanischen Träger zu orten wären, würden die Flugzeuge der *Ryujo* Admiral Tanaka unterstützen. Es war Pech für die *Ryujo*, daß amerikanische Flieger der U.S.S. *Saratoga* (Admiral Fletchers Flaggschiff) sie fanden und angriffen, während ihre Flugzeuge sich mit der kleinen Luftstreitmacht vom Henderson Field herumschlugen. Sie wurde schwer beschädigt und sank später.

Die Japaner hatten schließlich im Süden auch die amerikanischen Träger *Enterprise* und *Saratoga* ausgemacht und schickten einen Angriffsverband los, um sie auszuschalten. Inzwischen entdeckten auch die Amerikaner die japanischen Flottenträger *Shokaku* und *Zuikaku*, aber da die meisten amerikanischen Flugzeuge bereits mit dem Angriff auf die *Ryujo* beschäftigt waren, konnte kein effektiver Angriff geflogen werden. Die *Enterprise* trug die Hauptlast des Luftangriffs, sie erhielt mehrere Bombentreffer auf dem Flugdeck, die Löcher verursachten, einer der Flugzeugaufzüge wurde beschädigt, und zeitweise verlor sie die Steuerfähigkeit. Aber eine zweite japanische Angriffswelle verfehlte durch einen Koppelfehler ihre Position um einige Meilen, die Steuerung konnte wieder in Stand gesetzt werden, und sie konnte sich am nächsten Tag zurückziehen. Dieser knappe Ausgang verhalf ihr zu dem Ruf, ein glückbehaftetes Schiff zu sein.

Admiral Tanaka stand nahe genug bei der *Ryuko*, um den »riesigen Schirm aus Rauch und Flammen« am östlichen Horizont zu sehen, der ihr Verderben signalisierte. In der Nacht jedoch erhielt er bessere Nachrichten. Zwei feindliche Träger wären angegriffen worden und stünden in Flammen. Wieder befahl man ihm, nach Guadalcanal zu laufen und die Truppen zu landen. Aber er hatte »schwere Zweifel, ob dieser langsame Konvoi eine Chance hatte, sein Ziel zu erreichen«, schrieb er später. »Ich hatte das Gefühl, daß der nächste Tag schicksalhaft für meine Schiffe werden würde.« – Er hatte recht.

Am frühen nächsten Morgen befand sich Tanaka 150 Meilen nördlich Guadalcanals. Er war damit beschäftigt, seinen Schiffen Befehle bezüglich der Landung zu signalisieren.

Ohne irgendeine Vorwarnung brachen feindliche Flugzeuge durch die Wolkendecke und griffen an, noch bevor ein wirksames Flakfeuer einsetzte. Hohe Wassersäulen schossen um Tanakas Flaggschiff, den leichten Kreuzer *Jintsu*, in die Höhe. Mindestens eine Bombe schlug auf dem Vorschiff zwischen den vorderen Geschützen ein, durchschlug die Eingeweide des Schiffes, zerstörte den Funkraum mit seiner Besatzung. Durch die Explosion wurde Tanaka bewußtlos. Als er wieder zu sich kam,

stand das Vorschiff in Flammen und der größere seiner beiden Transporter, die *Kinryu Maru*, sank. Als der Zerstörer *Mutsuki* bei dem Transporter längsseits ging, um Überlebende an Bord zu nehmen, erschienen drei feindliche B-17 Bomber und warfen Bomben. Die *Mutsuki* erhielt mehrere Treffer und sank bald darauf.

Jetzt erhielt Tanaka die Erlaubnis, nach Hause zu fahren. Als er Luftunterstützung gebraucht hätte, war die Vereinigte Flotte nicht in der Lage gewesen, diese zu stellen. So endete auch der zweite Versuch, Verstärkungen nach Guadalcanal zu bringen, mit einem Fehlschlag. Wie Tanaka später schrieb: »Meine schlimmsten Befürchtungen bezüglich dieses Unternehmens wurden wahr.«

Was die größere Trägerschlacht anging, so brachte sie beiden Seiten wenig Ehre ein. Beide kommandierenden Admirale hatten zögerlich gehandelt. Das Wetter und die Kommunikationsprobleme vereitelten mehrere Angriffe. Es wurden einmalige Gelegenheiten verpaßt. Die Japaner verloren einen Träger und 75 Maschinen, die Amerikaner demgegenüber kamen mit einem beschädigten Träger und dem Verlust von 25 Flugzeugen davon. Obwohl es kein entscheidender Sieg war, zeigte das für die Amerikaner einseitig günstigere Verhältnis der

Frisch gelandete Japaner marschieren am Strand Guadalcanals entlang.

Flugzeugverluste einen Trend auf, der letztendlich Japans Niederlage bedingte. Anders als die Amerikaner konnten die Japaner nicht schnell genug Flugzeuge und ausgebildete Piloten bereitstellen, um ihre Verluste auszugleichen.

Wie Yamamoto es vorausgesehen hatte, würden die Amerikaner einen Abnutzungskrieg gewinnen.

(Oben) Mechaniker bei der Arbeit. (Links) Piloten stehen vor der »Pagode«. (Unten) Das Abzeichen des 1. Marine Air Wing, die sogenannte Cactus Air Force. (Rechts) P-39-Heeresflieger. (Unten links und rechts) Um die Wirksamkeit der japanischen Angriffe abzumildern,

wurden die Flugzeuge weiträumig verteilt, und die Besatzung suchte in Gräben Schutz. (Ganz rechts) Die Wirkungen eines Luftangriffs.

Die ersten Wochen zeigten ein typisches Grundmuster, das in den folgenden zweieinhalb Monaten beibehalten werden sollte. In der Nacht, wenn es für die amerikanischen Flieger zu gefährlich war, vom Henderson Field aus zu operieren, jagten die japanischen Zerstörer in den Eisensund, entluden Nachschubgüter und Verstärkungen, dann sprinteten sie wieder zurück, bevor die Flieger sie stellen konnten. Diese nächtlichen Besuche wurden so regelmäßig, daß die Amerikaner sie »Tokio-Expreß« tauften. Am Tag, geschützt durch die örtliche Luftherrschaft, hielten die amerikanischen Schiffe die Lebensader der Insel intakt und verstärkten nach und nach das Arsenal der Verteidiger. Wie der Historiker Richard Frank feststellte, war es »eine Art gegenseitiger Belagerung«, bei der jede Seite für die große Landschlacht aufrüstete, die das Patt beseitigen sollte.

Der Kodename von Henderson Field war Cactus, die Piloten von Guadalcanal wurden bald die »Cactus Air Force« genannt. Die Maschinen und Piloten gehörten überwiegend zum Marinecorps, aber auch viele Flieger der Navy waren beteiligt, darunter die Wildcats der VF-5 und einige Stuka- und Torpedobomberstaffeln. Die einzige beteiligte Jägerstaffel der Heeresflieger war die 67er, deren langsame P-39er eine sehr nützliche Unterstützung im Bodenkampf waren. Trotz aller Bemühungen dieser Flieger wurde Henderson

Mehrere Mitglieder der »Cactus Air Force« wurden Helden, auch der ausschweifende Joe Foss (oben), Hauptmann in einer Wildcat-Staffel, der mit der »Congressional Medal of Honor« ausgezeichnet wurde.

Field schrecklich verwüstet, versauerte das fast tägliche Bombardement das Leben der amerikanischen Truppen. Praktisch jede Nacht unterbrach zumindest ein japanisches Flugzeug mit Leuchtkugeln oder Bomben die Nachtruhe. Die Marines, die für alles und jeden einen Spitznamen zu haben schienen, nannten diese nächtliche Pest »Louie die Laus« (ein einmotoriges Seeflugzeug) und »Waschmaschinen-Charlie« (einen zweimotorigen Bomber, der ein klapperndes Geräusch machte).

Robert Ferguson, ein Mitglied der 67er, führte ein Tagebuch, in dem er den ersten Luftangriff bei Tag be-

DAS LEBEN AUF GUADALCANAL

Sogar unter den harten Bedingungen auf Guadalcanal stellte sich Routine ein.

Vier Worte bestimmten das Leben der Amerikaner auf Guadalcanal: Hitze, Schlamm, Moskitos und Bomben. Wie zur Ehrung des japanischen Ministerpräsidenten wurde jeden Tag gegen Mittag eine Flagge am Flugplatzmast hochgezogen. Allerdings war sie schwarz! Dann rannte alles in Deckung. Dieser tägliche Angriff erfolgte so pünktlich, daß er »Tojos Zeitzeichen« genannt wurde.

Zwei Drittel der Männer wurden durch Krankheiten dienstunfähig, weit mehr als durch Bomben oder Kugeln. Die beiden knappen Mahlzeiten pro Tag sättigten nie. Bald verwandelten sich die kampflüsternen jungen Männer in sonnenverbrannte Zombies mit zerrissenen Uniformen ohne Socken, die Stiefel von Schnüren zusammengehalten. Sie litten unter Mangelernährung, Durchfall, Ruhr und vor allem an Malaria. Ein wirksames Medikament, Atabrine, war

TICKET TO ARMISTICE

USE THIS TICKET, SAVE YOUR LIFE
YOU WILL BE KINDLY TREATED

Follow These Instructions:

1. Come towards our lines waving a white flag.
2. Strap your gun over your left shoulder muzzle down and pointed behind you.
3. Show this ticket to the sentry.
4. Any number of you may surrender with this one ticket.

JAPANESE ARMY HEADQUARTERS

投 降 票

此ノ票ヲ持ツモノハ投降者ナリ
投降者ヲ殺害スルヲ厳禁ス

大日本軍司令官

Sing your way to Peace pray for Peace

verfügbar, wurde aber von vielen abgelehnt, weil sie dauernde gelbe Verfärbungen der Haut und – schlimmer – Impotenz befürchteten. Krankheit, Streß und pure Erschöpfung brannten viele Männer aus. Sie hatten starre, geweitete Pupillen und reagierten nicht auf Ansprache. Die Verpflegung bestand aus erbeuteten japanischen Vorräten, Trockenkartoffeln, Eipulver und Büchsenfleisch, zubereitet auf jede mögliche Art. Für die Piloten der »Cactus Air Force« ergab sich ein übler Nebeneffekt: Im Unterdruck der Höhe produ-

(Oben) Ein »Überlebensticket«. Solche Flugblätter mit optischen Lockmitteln wurden von japanischen Flugzeugen abgeworfen.

(Links) Eine Siedlung in der Kokosnußplantage am Flugplatz nach heftigen Regenfällen. (Oben rechts) Grausige Souvenirs waren nichts Ungewöhnliches. (Oben) Ein Pfarrer bei einer Beerdigung. (Rechts) Amerikaner und Melanesier beim Büchsenbier.

zierten sie schmerzhafte Blähungen. Die nächtlichen Luftangriffe erlaubten den Piloten kein Abschalten vom täglichen Streß. Nur einer der ersten zwölf Piloten konnte zum Flugzeug laufen, das ihn schließlich ausflog. Sechs Wochen wurden als Maximum angesehen, in denen ein Pilot unter diesen Bedingungen einsatzfähig blieb. Alle waren viel länger da. Nach Richard Frank »waren die Bedingungen auf Guadalcanal wahrscheinlich die schlimmsten, denen amerikanische Flieger in diesem Krieg je über längere Zeit ausgesetzt waren.«

Trotz der unwirtlichen Umstände ging das Leben weiter. Es blühte ein lebhafter Handel mit japanischen Souvenirs – Schwerter, Flaggen, Tagebücher –, nicht zu reden von Diebstählen: Eine ganze Kiste Scotch verschwand aus General Geigers persönlichem Vorrat. Ende November, als nach der Schlacht am Bloody Ridge klar war, daß die Marines länger

bleiben würden, setzte der »Immobilienboom« ein. Alle Arten von Behelfshütten ersetzten die leckenden, geflickten Zelte. Die Marines hatten für fast alles einen Spottnamen, obgleich ihre Unterhaltung zunehmend nur aus einer Aneinanderreihung gemurmelter Flüche bestand. Jede Nachricht und vor allem jeder Brief von zuhause wurde begierig aufgesogen.

Trotz dieser Übel erging es den Amerikanern noch wesentlich besser als den unterverpflegten Japanern, von denen Tausende an Krankheit und Hunger starben.

(Oben) Als die Amerikaner sich auf längeres Bleiben einrichteten, ersetzten festere Bauten die Zelte (ganz links). Annehmlichkeiten blieben rar. Die Flüsse boten die einzige Bademöglichkeit (links und rechts).

schrieb, den er miterlebte. »Wir beobachteten 21 Bomber, die in sauberer Formation genau auf das Flugfeld zuhielten. Die meisten Bomben verfehlten die Landebahn und töteten viele Männer. Vielleicht hatten sie versucht, die Marines zu treffen, die seit Tagen am Tenura River kämpften ... Es ist ein schreckliches, unbeschreibliches Gefühl, wenn man in einem Schützenloch kauert und die Bomben ringsherum einschlagen. Man ist der Situation völlig hilflos ausgeliefert, und die Japse machen uns hier nun wirklich die Hölle heiß.«

Ferguson beschrieb dann weiter unverblümt die Verpflegung: »Wir bekommen zusammen mit einer Artillerieabteilung zwei Mahlzeiten am Tag ... Die Mahlzeiten sind karg und die Rationen klein. Viele Vorräte gingen bei der Landung verloren oder gelangten nicht an Land, so essen wir hauptsächlich erbeutete Lebensmittel – japanischen Reis voller Käfer am Morgen und japanischen Reis voller Käfer mit Büchsenobst am Nachmittag. Oder

war es andersherum? Unser Koch ist ein Komiker, er sagt: ›Pult nicht die Käfer raus, sie sind sehr proteinreich.‹«

Obwohl sich die Nachschubsituation der Marines verbesserte, blieb sie angespannt, und der »Tokio-Expreß« rollte weiter. In der zweiten Septemberwoche waren über 6.000 neue japanische Soldaten der 17. Armee unter dem Kommando von Generalmajor Kiyotaki Kawaguchi auf Guadalcanal. Kawaguchi war bei weitem nicht so voreilig wie Oberst Ichiki, aber fast genauso überheblich. Er hatte keine Ahnung, daß der Flugplatz inzwischen von nahezu 12.000 Amerikanern gehalten wurde, was seine Truppen deutlich in eine zahlenmäßige Unterlegenheit brachte. Alle Angriffswege, außer dem entlang des exponierten Küstenstreifens, verliefen durch wildes unbekanntes Gelände.

Die Vorteile waren jedoch nicht alle auf seiten der Amerikaner. Es war General Vandegrifts Streitkräften

Der wahre Feind war oft der Dschungel. Das galt für Amerikaner (links und oben) und Japaner (unten). General Kawaguchi, unten links zu sehen, scheiterte mit seinem Plan zur Eroberung des Flugplatzes, da seine Truppen sich im Regenwald verirrten.

nicht möglich, eine geschlossene Verteidigungslinie um den Flugplatz zu bilden. Stattdessen waren sie gezwungen, sich schwerpunktmäßig im Umkreis einzuigeln, dadurch blieben weite Strecken unverteidigt. Ausreichende Kräfte mußten in Reserve gehalten werden, um unerwartete Druchbrüche abzuriegeln. Falls Vandegrift die feindlichen Pläne nicht im vorhinein erfuhr, hatte der Gegner den Vorteil des Überraschungsmoments und konnte seine Kräfte schwerpunktmäßig am Angriffspunkt massieren.

Kawaguchi entwickelte einen komplexen Plan, der drei geteilte aber gleichzeitige Landangriffe auf Punkte vorsah, von denen er annahm, daß sie nur leicht verteidigt wurden. Der Hauptvorstoß sollte da erfolgen, wo er am wenigsten erwartet wurde: Vorgetragen aus dem Dschungel südlich des Flugfeldes, zielte er ziemlich genau auf die Mitte des Verteidigungsrings. Eine niedrige Hügelkette, die auf den Flugplatz zielte, würde ein aus-

gezeichneter Ausgangspunkt für seine Eroberung sein. Zur gleichen Zeit würden Angriffe kleinerer Einheiten vom Osten und Westen her die Aufmerksamkeit des Gegners auf sich ziehen. Während dieser Angriffe würde eine Seebeschießung die »Cactus Air Force« und die Verteidigung behindern.

Am 8. September, die meisten Bataillone General Kawaguchis waren schon im Regenwald verschwunden, wurde seine Nachhut in der Nähe des Taivu Points bei einem Überfall der Marines zerschlagen. Große Verpflegungsmengen wurden zerstört und vier Feldgeschütze mit reichlich Munition erobert. Als der japanische General diese Hiobsbotschaft erhielt, hatte er ein ganz anderes Problem – den Dschungel. Seine Männer kämpften sich durch den dichten, meist weglosen Wald. Es ging steile Hügel bergauf und bergab und durch stinkende Sümpfe. Die Waffen und die schwere Ausrüstung mußten geschleppt werden. Die Hitze und die Feuchtigkeit waren beinahe unerträglich, ständig wurden sie von Insekten gequält, Regen und Schweiß durchnäßte sie, der Schlafmangel und die knappen Rationen laugten sie aus. Wenn es eine Art Weg gab, zwang er die Soldaten hintereinander zu gehen und sich über große Entfernungen auseinanderzuziehen. So war es kein Wunder, daß sich ganze Einheiten total verirrten. An einer Stelle stießen mehrere Bataillone zusammen und verursachten »einen Verkehrsstau im Dschungel«, wie es Richard Frank nannte. Trotzdem blieb General Kawaguchi hartnäckig dabei, seinen dreifachen Angriff am 12. September durchzuführen.

Bald brachten Martin Clemens einheimische Scouts die Nachricht in das alliierte Hauptquartier, daß die Japaner westwärts durch den Dschungel krochen. Es war jetzt keine Frage mehr, daß ein Großangriff bevorstand, sondern nur noch wo. Oberst Merritt Edson, der den erfolgreichen Überfall auf Tulagi angeführt hatte, lieferte die Antwort. Er war ein Veteran des Ersten Weltkriegs und einer der umsichtigsten und kaltblütigsten Befehlshaber auf Guadalcanal. Sein erstes Sturmbataillon war die frischeste Truppe, die General Vandegrift zur Verfügung stand. Bis vor kurzem hatte sie das ruhige und relativ bequeme Tulagi bewacht.

Edsons scharfes Auge überflog das Luftbild des Flugplatzareals. Dann zeigte er mit dem Finger auf eine Stelle und sagte so leise, daß man ihn kaum verstehen konnte: »Das sieht nach einer guten Angriffsstelle aus.« Er deutete auf einen zerrissenen Höhenzug gleich südlich vom Flugfeld und östlich des Lunga Rivers, der etwa 1.000 m

(Links) Artilleristen an einer tragbaren 75-mm-Kanone. (Oben) Edson's Ridge heute. (Rechts) Merrit Edson und (Seite 113 links) einige seiner Männer. (Seite 113 oben und rechts) Edson's Ridge nach der Schlacht.

entfernt in nordsüdlicher Richtung verlief. Er würde bald als Bloody Ridge oder Edson's Ridge bekannt werden.

Vom 12. bis 14. September taten Edsons 840 Männer alles was in ihrer Macht stand, um den Hügelrücken zu befestigen und ihre Stellungen auszubauen. Nach Sonnenuntergang am 12. September versuchten die erschöpften Soldaten so viel Schlaf wie möglich zu finden. Sie hatten getan, was sie konnten: Stacheldraht war gezogen, Schützenlöcher waren gegraben worden. Aber die Linien waren dünn und ihre Position, wenn man es objektiv betrachtete, äußerst gefährlich.

Als die Dunkelheit über den drei japanischen Sturmspitzen hereinbrach, hatten sie gegenüber dem Plan Verspätung. In der Nacht kamen weder der westliche noch der östliche Flügel in Kontakt mit dem Feind, und die Hauptmacht südlich des Hügels befand sich in einem chaotischen Zustand. Sein Hauptverband, drei Bataillone mit 2.500 Mann, verfehlte den Treffpunkt vollständig und wanderte ziellos bis zum Morgengrauen umher. Die Gruppe um General Kawaguchi verbrachte den größten Teil der Nacht damit, den River Lunga abwärts zu waten. Später schrieb er: »Der teuflische Dschungel hatte die

Brigade völlig zersplittert und absolut meiner Kontrolle entzogen. In meinem ganzen Leben hatte ich mich noch nicht so hilflos gefühlt.«

Anstelle seines ausgeklügelten gemeinsamen Angriffs bekamen nur die Truppenteile, die tatsächlich ihre Ausgangsstellung südlich Edson's Ridge erreicht hatten, Feindkontakt. Ein paar ungestüme Stoßtrupps testeten die rechte Flanke der Marines, die sich über ein flaches sumpfiges Gebiet zwischen dem südlichen Ende der Hügelkette und Lunga erstreckte. Ein frustrierter Kawaguchi war gezwungen, seinen Vorstoß zu verschieben.

Als am 13. September die Nacht einbrach, war die Hauptmacht des japanischen Generals umgruppiert. Während des Tages hatte sich Oberst Edson etwas zurückgezogen, um den Feind durch eine veränderte Verteidigungslinie zu desorientieren. Kurz nach Sonnenuntergang warfen japanische Flugzeuge Leuchtbomben ab, und der Ruf: »Totsugeki!« (Angriff!) kündigte den japanischen Angriff an. Dann brandete Welle um Welle brüllender Soldaten, drohend Schwerter und Gewehre schwingend, gegen die schwachen Linien der Marineinfanterie, die langsam auf dem Hügelrücken zurückwich.

Mehr als einmal standen die Japaner kurz vor einem Durchbruch, nur verzweifelter Mut und Hartnäckigkeit sowie die Artillerie verhinderten das. Nach Mitternacht bildeten 300 Marines das letzte Aufgebot auf dem letzten Hügel zwischen dem Flugfeld und den Angreifern. Irgendwie aber hielt die Linie, und langsam wich die Flut zurück.

Es gab viel persönliche Tapferkeit, große Disziplin unter Feuer, »aber das Herz des Widerstands«, schreibt Richard Frank, »war Merritt Edson. Knapp zehn oder 20 Meter hinter der Frontlinie – seine Kleidung war am Kragen und der Hüfte von Kugeln durchschossen – ermutigte er die Standhaften und verdammte die Wankelmütigen: ›Geh' dahin zurück, wo du herkommst! Das einzige, was die Japse dir überhaben, ist Mut!‹«

Während Kawaguchis Legionen gegen den Hügelrücken anstürmten, gelang es nur einem der anderen beiden Angriffskeile, die Amerikaner anzugreifen. Es war der östliche Flügel, der nach hartem Kampf zurückgeworfen wurde. Nicht weniger als 800 Japaner starben bei diesen zwei Angriffen, dagegen weniger als 100 Amerikaner. Aber die schlimmste Bewährungsprobe für Kawaguchis Männer war der Rückzug durch den Dschungel. Sie waren vom Kampf erschöpft, die Rationen alle, dabei trugen sie verwundete Kameraden auf selbstgefertigten Tragen durch das unvorstellbar schwierige Terrain. Viele Männer starben an ihren Wunden oder vor Erschöpfung.

So kam es, daß der erste ernsthafte japanische Versuch, Guadalcanal zurückzuerobern, wenig ruhmvoll endete. Edsons Sturmtruppe hatte das Flugfeld gerettet. Mit jedem Tag kamen jetzt neue Flugzeuge und Ausrüstungen hinzu und verbesserten die Aussichten der Amerikaner, ihren wertvollen Brückenkopf auf den Salomonen zu halten. Der beste Ansporn für die Moral der gequälten Marines war am 18. September das Eintreffen von 4.000 Mann der Seventh Marines mit Feldartillerie.

Die Nachricht von General Kawaguchis Niederlage wurde im Kaiserlichen Generalstab mit Unglauben und Bestürzung aufgenommen. Aber sie bewirkte einen wichtigen strategischen Umschwung. Zukünftig war die Rückeroberung von Guadalcanal der zentrale Punkt aller Offensivoperationen im Südpazifik. Die Aktion Neuguinea wurde gestoppt, bis Guadalcanal und sein Flugplatz wieder in japanischen Händen seien. Große Verbände neuer Truppen wurden für die Entscheidungsschlacht vorgesehen. Sie würden unter dem Kommando

(Oben) Konteradmiral Norman Scott als Captain.

von Generalleutnant Harukichi Hyakutake von der 17. Armee stehen, Kawaguchis Vorgesetzten.

Der »Tokio-Expreß« kam nahezu jede Nacht den »Schlitz« heruntergebraust. Im späten September und wieder zu Anfang Oktober verwickelten sich amerikanische und japanische Truppen am Mataniku River westlich des Flugfelds in Kämpfe. Während der Gefechte verloren die Japaner ihre vorgeschobenen Stellungen auf dem Ostufer des Flusses. Da diese als Bereitstellungsräume und Artilleriestellungen für die kommende Oktoberoffensive gedacht waren, durchkreuzte der Verlust Hyakutakes Pläne. Inzwischen nahmen die japanischen Luftangriffe, die nach der Niederlage von Bloody Ridge abgeflaut waren, wieder zu. Aber sie konzentrierten sich auf Nachtangriffe, die den Schlaf mehr beeinträchtigten als die Operationen auf dem Flugplatz. Die erstarkte »Cactus Air Force« war jetzt allem, was der Gegner bei Tag einsetzen konnte, mehr als überlegen.

Am 9. Oktober landete General Hyakutake persönlich, um das Kommando über seine Streitkräfte zu übernehmen, die jetzt über 20.000 Mann zählte, allesamt westlich vom Flugplatz stationiert. Am selben Tag verließ Admiral Turner Noumea, das amerikanische Hauptquartier auf New Caledonia, mit weiteren Verstärkungen für Guadalcanal. Es waren die ersten Armee-Einheiten,

Der schwere Kreuzer San Francisco *war während der Schlacht vor Kap Esperance Scotts Flaggschiff.*

die für den Inseleinsatz vorgesehen waren: 2.800 Mann der Americal Division, die so genannt wurde, weil sie ursprünglich in New Caledonia Dienst tun sollte. Drei Einsatzgruppen sicherten Turners Konvoi, eine mit dem ausdrücklichen Ziel, die feindlichen Marineaktivitäten rings um Guadalcanal zu unterbinden. Dieser Verband bestand aus zwei schweren, zwei leichten Kreuzern und fünf Zerstörern. Er stand unter dem Kommando von Konteradmiral Norman Scott. Der 53jährige Scott war ein Karriereoffizier. Zu Beginn des Zweiten Weltkrieges arbeitete er für Admiral King in Washington und war zum aktiven Seedienst erst im Juni zurückgekehrt. Entschlossen zu beweisen, daß die Amerikaner es mit den Japanern auch in nächtlichen Seegefechten aufnehmen und den »Tokio-Expreß« entgleisen lassen konnten, hatte er mit seinen Schiffen das Nachtschießen geübt und einen klaren Schlachtplan entworfen. Die Bühne war jetzt für die zweite große Seeschlacht in diesen Gewässern vorbereitet, dem Nachtgefecht bei Kap Esperance.

Am Nachmittag des 11. Oktober – Turners Konvoi stand noch einen Tag von Guadalcanal entfernt – erhielt Admiral Scott Berichte über zwei feindliche Kreuzer und sechs Zerstörer, die den »Schlitz« hinunterdampften. Allerdings waren die Kreuzer tatsächlich Mutterschiffe von Seeflugzeugen, die für einen besonders wich-

tigen »Tokio-Expreß« genutzt wurden – sie transportierten Artillerie, einschließlich vier Haubitzen, Munition und weitere Truppenteile für General Hyakutake. Alles sollte am westlichen Ende der Insel gelandet werden. Scott, der südlich von Guadalcanal auf genau eine solche Gelegenheit gewartet hatte, stürmte sofort nach Norden, um den Verband abzufangen. Allerdings wußte er nicht, daß sich hinter dem Versorgungskonvoi eine zweite, schlagkräftigere Kampfgruppe näherte. Sie bestand aus drei schweren Kreuzern und zwei Zerstörern, deren Aufgabe es war, Henderson Field zu beschießen, während die Truppen gelandet wurden. Befehlshaber war Konteradmiral Aritomo Goto an Bord des schweren Kreuzers *Aoba.*

Scotts Kampfgruppe erreichte Guadalcanal etwa zwei Stunden vor Mitternacht, umrundete das westliche Ende der Insel in einem weiten Bogen, dann bildete sie eine Gefechtslinie: zuerst drei Zerstörer, dann die vier Kreuzer, am Ende zwei Zerstörer. Scotts Plan war es, vor der südlichen Ansteuerung zum Eisensund auf und ab zu dampfen und den Feind abzufangen. Seine Aufklärungsflugzeuge meldeten mehrere feindliche Schiffe im Osten vor der Nordwestküste Guadalcanals, aber er entschied, daß es nicht die gesichteten Kreuzer sein konnten, also blieb er bei seinem Plan.

Um 23.25 Uhr, gerade als der führende Zerstörer von Scotts Linie sich dem Ende des Sperrkurses bei Savo näherte, fingen die Radargeräte auf zweien seiner Kreuzer, *Helena* und *Salt Lake City,* die Echos von Schiffen in 16 Seemeilen Entfernung auf, die mit 30 Knoten Fahrt aus Nordwesten herangeprescht kamen. Als die Echos deutlicher wurden, konnte kein Zweifel daran bestehen, daß dies der feindliche Verband war. Aber noch bevor eines der Schiffe die Information weitergeben konnte, hatte Admiral Scott eine Wendung über Backbord befohlen, um auf dem entgegengesetzten Kurs zurückzulaufen. Dieser Umstand ließ die Kommandanten glauben, daß auch er die Japaner entdeckt hatte und so manövrierte, um einen taktischen Vorteil zu erlangen. Tatsächlich jedoch hatte sein Schiff die Japaner noch nicht geortet.

Admiral Goto hatte eine einmalige Gelegenheit, aber er konnte sie nicht nutzen. Noch verfügten japanische Schiffe nicht über Radar, so war Goto völlig ahnungslos über die Anwesenheit der Amerikaner. Schlimmer noch, er war nicht darauf vorbereitet, auf eine feindliche Streitmacht zu stoßen. In der Nacht gehörten die Gewässer um Guadalcanal den Japanern, und Goto nahm an, daß die Amerikaner wie gewöhnlich keinen Versuch machen würden, sich mit »Tokio-Expreß« anzulegen. Seine Schiffe waren noch nicht einmal gefechtsklar. Seine Kreuzer waren für einen Landbeschuß bewaffnet, nicht aber für ein Seegefecht. Es war Savo mit umgekehrtem Vorzeichen: japanische Selbstgefälligkeit gegen amerikanische Gefechtsbereitschaft.

Aber diese Bereitschaft wurde durch eine Konfusion unterminiert. Durch einen Zusammenbruch des Nachrichtensystems auf Scotts Flaggschiff drehte die *San Francisco* – der erste der vier Kreuzer in der Linie – gleichzeitig mit dem Führungszerstörer nach Backbord. Der erstaunte Kommandant der *Boise,* des Kreuzers gleich hinter dem Flaggschiff, entschied, daß er besser dem Flaggschiff als den Zerstörern folgen sollte. Die anderen Schiffe der Linie folgten der *Boise,* so entstanden zwei amerikanische Linien. Die hinteren drei Zerstörer erhöhten die Fahrt. Als Admiral Scott endlich Meldung von den Radarkontakten mit dem feindlichen Verband erfuhr – jetzt an seiner Steuerbordseite –, bezweifelte er ihre Glaubwürdigkeit. Waren das nicht seine eigenen Zerstörer? Er zögerte, den Feuerbefehl zu geben. Radar war eine noch junge Technologie, und er war von der Zuverlässigkeit nicht überzeugt. Währenddessen stieß Goto auf die verwirrte amerikanische Doppellinie, von deren Existenz er nichts ahnte.

Endlich stellte auch der Feuerleitradar der *San Francisco* einen Kontakt her, weniger als drei Meilen entfernt. Scott zögerte noch immer, das Feuer zu eröffnen. Seinen Kommandanten, die überzeugter als er von der Anwesenheit des Gegners waren, widerstrebte es, vor ihrem Admiral die Schlacht zu eröffnen, obwohl er sie dazu ermächtigt hatte. Das unschätzbar wertvolle Überraschungsmoment war dabei verlorenzugehen. Jemand auf der *Helena* meldete: »Schiffe mit bloßem Auge zu sehen!« Im Radarraum konnte ein Leutnant, der die »Blips« hatte näherkommen sehen, die Spannung nicht länger ertragen: »Worauf warten wir? Wollen wir sie entern?« Ein paar Sekunden später ergriff sein Kommandant die Initiative und eröffnete das Feuer mit 15,2-cm-Geschützen. Es war 23.46 Uhr.

Trotz Scotts Zögern und der unabsichtlichen Aufsplitterung seiner Schlachtordnung in zwei Linien befand sich der amerikanische Admiral in einer ausgezeichneten Position. Im Fachjargon der Marinetaktiker hatte er »das T gekreuzt«. Seine Einheiten bildeten den oberen Balken eines imaginären T, die Japaner den Längsbalken. Alle seine Kanonen konnten also den Feind bestreichen, während dieser nur die Buggeschütze nutzbringend einsetzen konnte. Es kam noch besser: Admiral Goto auf der *Aoba* hielt daran fest, daß die Silhouetten der feindlichen Schiffe zu dem Konvoi mit Verstärkungen gehörten, die vor ihm den »Schlitz« hinabgelaufen waren. Er drehte nach Steuerbord ab und morste ein Erkennungssignal. Als Antwort schlugen Granaten in seine Brücke ein, töteten viele und verwundeten ihn tödlich. Während sein Schiff schlimm eingedeckt wurde, stürmte der Kreuzer *Furutaka* vor, um ihn zu entlasten. Dabei wurde er jedoch selbst schwer getroffen. Inzwischen drehte sein dritter schwerer Kreuzer *Kinugasa* nach Backbord und entging so in der ersten Phase der Schlacht Beschädigungen.

In diesem Augenblick befahl Admiral Scott seinen Schiffen, das Feuer einzustellen, weil er fürchtete, seine eigenen Zerstörer zu beschießen. Die meisten seiner Kommandanten ignorierten diesen Befehl und droschen weiter auf die *Aoba* und die *Furutaka* ein. Aus Sicht der Japaner nahm das Feuer der Amerikaner kaum ab, zwei ihrer drei Kreuzer waren schwer angeschlagen, so begannen sie sich zurückzuziehen.

Gegen Mitternacht gruppierte Scott seine Kräfte um und begann die Verfolgung der ablaufenden Japaner, deren Kampfgeist bei weitem nicht gebrochen war. Die unbeschädigte *Kinugasa* drehte auf die Verfolger zu und schoß Torpedos ab. Die *Helena* und die *Boise* wurden nur knapp verfehlt. Der japanische Kreuzer nahm sich dann der *Boise* an und gabelte sie mit ein paar Salven ein. Gegen 00.10 Uhr traf die erste Granate, die den vorderen Turm des leichten Kreuzers verklemmte. Bald stand der vordere Teil des Schiffes in hellen Flammen, mehr als 100 Männer starben auf ihren Stationen. Während die *Boise* abdrehte, wurde sie vom Seewasser gerettet, das durch die Einschußlöcher in ihren Rumpf eindrang. Das Wasser löschte das Feuer in den Räumen, bevor es die Hauptpulverkammer entzündete.

Um 00.16 Uhr war die Schlacht vorbei. Von den drei japanischen Kreuzern kam die *Kinugasa* am glimpflichsten davon, die ein paar Treffer von der *Salt Lake City* erhalten hatte, welche den Rückzug der *Boise* gedeckt hatte. Die *Aoba* war schwerer getroffen, konnte aber mit ihrem sterbenden Admiral an Bord der *Kinugasa* nach Norden begleiten. Die *Furutaka* jedoch blieb liegen und sank bald darauf. Trotz der Schäden an der *Boise* und dem Verlust des Zerstörers *Duncan* kamen die Amerikaner glimpflich davon. Vielleicht war aber der größte Sieg der psychologische Erfolg. Sie hatten bewiesen, daß sie die Japaner auch in einer Nachtschlacht schlagen konnten.

Allerdings hatten sie den »Tokio-Expreß« nicht zum Entgleisen bringen können. Während die Schlacht bei Kap Esperance tobte, löschte die Nachschubgruppe ihre Kanonen und Truppen. Diese Kanonen würden General Vandegrift und seinen Männern bald sehr zu schaffen machen.

Die Euphorie über Admiral Scotts Seesieg und die morgendliche Ankunft von Admiral Turners Konvoi mit dem 16. Infanterie-Regiment der American Division zerstob in der folgenden Nacht, die die schlimmste Beschießung von Henderson Field während des ganzen Feldzuges brachte. Das Feuerwerk begann kurz vor Mitternacht, nachdem die Schlachtschiffe *Haruna* und *Kongo* in den Sund eingelaufen waren und ihre tödlichen 35,6-cm-Geschosse auf das Ziel abluden. Oberleutnant H. Christian Merillat, ein Verbindungsoffizier der Marine, sprang in den nächsten Bunker, als das Bombardement begann. »Dort kauerte ich zwischen einem Dutzend anderer auf dem zitternden Boden, während wir unter dem schlimmsten Bombardement lagen, das wir je erlebt hatten. Der Bunker wackelte, als ob er in Götterspeise stehen würde . . . Kaum waren wir danach wieder in unseren Zelten, näherten sich Flugzeuge im rollenden Einsatz. Die erste Bombenladung erwischte mich auf dem Weg zum Splittergraben. Ich tauchte in ein freies Schützenloch und dachte, mein letztes Stündchen hätte geschlagen. Die Einschläge lagen nahe«, schrieb er in

Die Kyushu Maru *war einer der drei am 15. Oktober auf Grund gesetzten Transporter.*

sein Tagebuch. Während der ganzen Nacht und am frühen Morgen wurde der Granaten- und Bombenhagel noch verstärkt durch »Pistolen-Pete«, das war der Spitzname für die neu angekommenen japanischen Feldgeschütze. Am nächsten Morgen war der Flugplatz mit Kratern übersät, und die meisten Flugzeuge waren unbrauchbar.

Während des Beschusses landete der »Tokio-Expreß« erfolgreich eines der größten Truppenkontingente des ganzen Feldzuges: 4.500 Mann. Am 15. Oktober traf Admiral Chester Nimitz, der Alliierte Oberbefehlshaber Pazifik, die grimmige Feststellung: »Wie es jetzt aussieht, sind wir nicht in der Lage, das Seegebiet um Guadalcanal zu beherrschen. Daher wird die Versorgung unseres Stützpunkts sehr verlustreich sein. Die Situation ist nicht hoffnungslos, aber sie ist mit Sicherheit kritisch.«

Nimitz konnte wenig unternehmen, um die Gegebenheiten zu ändern, stand doch die Invasion in Afrika bevor, und waren die amerikanischen Militärressourcen bis aufs äußerste belastet. Aber er konnte etwas unternehmen, um die psychologische Situation zu verbessern. Nimitz entschied sich, den zögerlichen Ghormley durch den angriffslustigeren Vizeadmiral William Halsey zu ersetzen. Angriffslustig war er in der Tat. Er hatte die Trägereinsatzgruppe kommandiert, die die ersten amerikanischen Bomber nach Tokio zum waghalsigen Doolittle Raid geschickt hatte. Vor der Seeschlacht bei den Santa-Cruz-Inseln im späten Oktober würde er seinen Admiralen einen einfachen Befehl übermitteln: »Angreifen! Wiederholung: Angreifen!« Als er von seinem neuen Posten erfuhr, soll Halsey geäußert haben: »Jesus Christus und General Jackson! Das ist die heißeste Kartoffel, die sie mir jemals in die Hand gedrückt haben!« Er ließ sie nicht fallen. Während der restlichen Zeit des Guadalcanalfeldzugs zweifelten die Männer auf der Insel nie daran, daß Halsey sie bis zum Äußersten unterstützen würde. In der Woche nach dem Beschuß am 14. Oktober verlief fast jede Nacht für die Männer auf Guadalcanal schlaflos, weil Bomber die Landebahn angriffen. Und in fast jeder Nacht kamen weitere japanische Truppen ans Ufer. Lediglich eine Handvoll amerikanischer Flugzeuge konnte jeden Tag aufsteigen, und nur ein Rinnsal an Nachschub – darunter das kostbare Flugbenzin – kam durch. Endlich war General Hyakutake bereit. Wieder einmal unterschätzten die Japaner die Stärke der Amerikaner. Sie nahmen an, daß der Flugplatz etwa 10.000 Verteidiger hätte, in Wirklichkeit waren es mehr als doppelt so viele. Die Japaner zählten jetzt über 20.000 Mann. Er-

Admiral Chester Nimitz (links) machte den aggressiven William Halsey zum Befehlshaber der Streitkräfte im Südpazifik.

(Oben) Die Schlacht bei den Santa-Cruz-Inseln am 26. 10. 1942 war Halseys erste Bewährungsprobe.

neut bezogen sie die Schwierigkeiten des Geländes nicht voll ins Kalkül und planten einen Simultanangriff mit drei Sturmkeilen, der unmöglich zu koordinieren war. Er war für den 22. Oktober angesetzt, aber der Hauptstoß mußte auf die folgende Nacht verlegt werden. Wieder hatte der Dschungel die Angreifer ausgelaugt, bevor sie zum Kampf antraten. Die Verteidiger, die jetzt durch frische Truppen verstärkt und besser eingegraben waren, besorgten den Rest. Die japanischen Verluste waren schwindelerregend. Während die Schlacht um Henderson Field die Amerikaner weniger als 100 Tote kostete, starben über 2.000 Japaner, wahrscheinlich aber waren es noch sehr viel mehr.

Die dritte schwere Landschlacht tobte noch, als am 26. Oktober eine Trägerschlacht in den Gewässern östlich von Guadalcanal stattfand. War die Schlacht um Henderson Field in vielem eine Wiederholung von Bloody Ridge, so wies die Schlacht bei den Santa-Cruz-Inseln viele Merkmale der Seeschlacht im späten August bei den östlichen Salomonen auf. Beide Seiten hatten Großkampfschiffe in das Gebiet verlegt, um ihre jeweiligen Truppen auf Guadalcanal zu verstärken. Wieder standen zwei amerikanische Trägereinsatzgruppen den Einheiten der Vereinigten Flotte gegenüber.

Beide Seiten fanden die gegnerischen Träger gleichzeitig und begannen ihre Angriffe, die feindlichen Flug-

(Unten links) Flugzeuge laufen auf dem Träger Shokaku *warm. Wie in der Schlacht bei den östlichen Salomonen standen sich auch hier Schiffe und Flugzeuge gegenüber. Der Träger* Hornet *(unten und rechts unten) ging unter.*

zeuggeschwader passierten einander in Sichtweite. Dieses Mal hatte die *Enterprise* noch mehr Glück als während der Schlacht bei den östlichen Salomonen. Sie war in einer Regenbö versteckt und entging dadurch vollständig dem ersten Angriff. Allerdings wurde auch sie später beschädigt. Unterdessen wurde die *Hornet* durch Bomben- und Torpedotreffer gestoppt und sank, nachdem sich Rettungsversuche als nutzlos erwiesen hatten. Das neue Schlachtschiff *South Dakota* wurde oberflächlich beschädigt. Diesmal kamen die Japaner besser als die Amerikaner davon, sie verloren kein Schiff. Doch der Flottenträger *Zuikaku*, der leichte Träger *Zuiho* und der schwere Kreuzer *Chikuma* wurden außer Gefecht gesetzt. Die Flugzeugverluste waren relativ gleichmäßig verteilt, im Gegensatz zu früheren Trägerschlachten, was die taktische Balance zugunsten Japans verschob. Die erlittenen Beschädigungen veranlaßten die Vereinigte Flotte, sich in die Basis Truk zurückzuziehen und ihre Wunden zu lecken. Währenddessen kehrten die beiden angeschlagenen Träger zu Reparaturen nach Japan zurück.

Obwohl die Amerikaner jetzt im Südpazifik nur noch einen angeschlagenen Flugzeugträger hatten – die »Big E« mit den neun Leben –, hatten sie für General Vandegrift wertvolle Zeit gewonnen.

Im späten Oktober und frühen November glichen Japaner und Amerikaner angeschlagenen Boxern. Die Japaner waren trotz ihres zweiten großen Fehlschlages, den Flugplatz zu besetzen, der Überzeugung, daß der Gegner fast am Boden lag. Irrtümlich glaubten sie, daß sie in der Seeschlacht bei den Santa-Cruz-Inseln vier Träger und ein Schlachtschiff versenkt und damit die amerikanische Seemacht im Südpazifik gelähmt hätten. Sie witterten einen nahen Sieg und warfen frische Kräfte in die Auseinandersetzung. Die Amerikaner fragten sich, ob der Zustrom der Japaner jemals aufhören würde, und führten der Insel ständig neue Soldaten und Flugzeuge zu. Sie hatten soviel in die Verteidigung Guadalcanals investiert, daß der Verlust jetzt eine verheerende Auswirkung auf die Moral und die anderen Unternehmungen im Pazifik haben würde. Präsident Roosevelt persönlich befahl, daß »jede verfügbare Waffe« zur Verteidigung der Insel aufgeboten werden sollte.

Während beide Seiten für die entscheidende Runde aufrüsteten, unternahmen die Marines die größten Landoffensiven seit der Landung Anfang August. Starke Einheiten stießen nach Westen am Matanikau River vor und warfen General Hyakutakes erschöpfte Truppenreste zurück. Im Osten, in der Nähe von Koli Point, griff eine zweite Gruppe der Marineinfanterie eine jüngst ge-

landete Einheit an und jagte sie in den Dschungel, wo sie für mehrere Wochen vom Kampfgeschehen abgeschnitten war. Die Amerikaner schienen den Japanern Beine gemacht zu haben, als am 12. November General Vandegrift überraschend beide Stoßtruppen zurückbeorderte. Küstenbeobachter und Nachrichtendienst erwarteten für die Nacht des 13. Novembers einen japanischen Großangriff. Vandegrift wollte dafür gerüstet sein.

Die Japaner hatten kurz mit dem Gedanken gespielt, östlich von Henderson Field einen zweiten Kriegsschauplatz zu eröffnen, entschieden sich dann aber dafür, ihre Kräfte im Westen zu konzentrieren, Männer und Vorräte dort zu versammeln. Die Versorgung der Truppen mit Verpflegung und Waffen war trotz der regelmäßigen schnellen Zerstörervorstöße des »Tokio-Expreß« ein logistischer Alptraum. Die Geschwindigkeit der Zerstörer wurde durch eine begrenzte Ladekapazität erkauft. Die vielen Soldaten, die jetzt auf der Insel waren, konnten unmöglich ausreichend versorgt werden. Trotzdem wurden erhebliche Kräfte für die dritte Offensive bereitgestellt.

Vandegrifts Informationen waren richtig. Die Japaner planten in der Nacht des 13. November eine riesige Landungsaktion, die von einer mächtigen Flotte unterstützt werden sollte. Sie wollten 7.000 Soldaten, große Muni-

tionsmengen und Nachschub für 30.000 Mann und 20 Tage landen – genug, um den längst überfälligen, aber auch unverzichtbaren Sieg zu erringen.

Die Japaner hielten ihre schlagkräftigsten Schiffe – die neuen riesigen Schlachtschiffe *Yamato* und *Musashi* – in Reserve. Aber die Amerikaner hatten jedes verfügbare Schiff ihrer Südpazifikflotte für die Doppelaufgabe abgestellt, Guadalcanal zu verstärken und die erwartete Landung am 13. November zu vereiteln. Zwei amerikanische Konvois mit 5.500 Soldaten und wichtigen Nachschubgütern näherten sich von Süden, geschützt von einer abgesetzten Einsatzgruppe um den beschädigten, aber einsatzfähigen Träger *Enterprise*, dem einzig verfügbaren Träger. Die *Enterprise* wurde von zwei der gefährlichsten Einheiten der U.S.-Marine, der *Washington* und der *South Dakota*, begleitet.

General Vandegrift benötigte jede Unterstützung, die er bekommen konnte. Obwohl er jetzt auf Guadalcanal über stattliche 24.000 Mann Kampftruppen verfügte, waren doch viele von ihnen seit der Landung auf der Insel. Die langen Wochen mit unzureichenden Rationen, zu wenig Schlaf, Verwundungen und tropischen Krankheiten – in erster Linie Malaria und Ruhr – hatten viele erschöpft. Martin Clemens wartete noch immer auf sein heißes Bad.

Während der Oktoberoffensive wurde dieser Panzerverband an der Mündung des Matanikau von der Pak der Marines geknackt.

KAPITEL FÜNF

EINE BLUTIGE KASCHEMMEN-PRÜGELEI

12.–13. November 1942

Am Morgen des 12. November 1942 stand Leutnant Michiharu Shinya auf der offenen Brücke des Zerstörers *Akatsuki* und stemmte sich gegen die steife Brise. Der Wind pfiff mit 24 Knoten durch seine flotte Khakiuniform, obwohl der Himmel strahlend blau war und die Wellen im Sonnenlicht glitzerten. Der mächtige japanische Verband, der sich unaufhaltsam nach Süden, auf die östlichen Salomonen zu, vorschob, war ein beeindruckender Anblick: der leichte Kreuzer *Nagara* und ein Schwarm Zerstörer formten einen schützenden Ring um die beiden Schlachtschiffe der Kongoklasse, die *Kirishima* und das Flaggschiff *Hiei*. In der folgenden Nacht sollten die beiden Schlachtschiffe planmäßig das Flugfeld auf Guadalcanal so schwer beschießen, daß die feindliche Luftwaffe ausgeschaltet wurde und die geplante Landung am 13. November ungestört durchgeführt werden konnte. Dann – endlich – sollten Shinya und seine Kameraden zu einem längst überfälligen Urlaub in die Heimat fahren. Er konnte fast schon den frischen Fisch der Sushis schmecken.

Seine Träume wurden jäh unterbrochen, als ein Flaggensignal am Mast der *Hiei* emporstieg. »Feindliches Flugzeug gesichtet.« Und tatsächlich konnte er voraus in der Ferne eine amerikanische B-17 ausmachen. Zwei Zero-Jäger, die den Luftraum über den Schiffen sicherten, gingen sofort zum Angriff über, aber das gegneri-

Ein amerikanischer Zerstörer, aus allen Rohren feuernd, läuft in der ersten Nachtschlacht bei Guadalcanal hinter dem japanischen Flaggschiff Hiei *vorbei.*

sche Flugzeug drehte ab und verschwand hinter dem blauen Horizont. Seine Besatzung hatte alles gesehen, was sie wollte.

Das Erscheinen des amerikanischen Fliegers erhöhte nur die Anspannung, unter der der Befehlshaber des Geschwaders, Konteradmiral Hiroaki Abe, stand. Er hatte ohnehin böse Ahnungen über seinen Auftrag, der fast eine genaue Wiederholung des Bombardements vom 14. auf den 15. Oktober war, das Henderson Field so schwer verwüstet hatte. Jetzt war jede Chance auf eine Überraschung verspielt. Mit Sicherheit würden es die Amerikaner nicht zulassen, daß die japanischen Schiffe ein zweites Mal die Beschießung unbehelligt durchführen konnten. Aber man würde ihn nicht so verschlafen erwischen wie seinen alten Freund Admiral Goto, der vor einem Monat in der Schlacht von Kap Esperance gefallen war. Sollten die Berichte des Nachrichtendienstes stimmen, dann war der amerikanische Konvoi vor Lunga Point kein Gegner für seine zwei Schlachtschiffe. Außerdem würden wahrscheinlich die amerikanischen Transporter und die sie begleitenden Kriegsschiffe mit der Dämmerung auslaufen und das feindliche Flugfeld auf Gnade und Ungnade seinen 35,6-cm-Geschützen ausliefern.

Konteradmiral Kelly Turner wußte über Admiral Abes Streitkraft Bescheid, aber er hatte dringendere Probleme. Seit dem Morgengrauen hatte sein schwer geschützter Konvoi Truppen und schwere Feldartillerie gelandet, um der Garnison Guadalcanals Rückhalt für die erwartete japanische Offensive zu verschaffen. Jetzt, kurz nach 13.00 Uhr, alarmierte ihn noch rechtzeitig eine weitere Warnung. Küstenbeobachter Paul Mason auf Bougainville informierte ihn darüber, daß ein japanischer Luftangriff aus Richtung Rabaul bevorstehe. Sofort ließ Turner die Entladung einstellen und die Anker aller Schiffe lichten.

Kurz nach 14.00 Uhr hüpften 17 Bettys, begleitet von 30 Zeros, über die Hügel Floridas und teilten sich in zwei Angriffsgruppen auf. Turner war inzwischen ein Meister in der Abwehr von Luftangriffen und parierte auch diesen geschickt. Er ließ seine Transporter ihre Breitseite als Köder zeigen, um die erste Welle zu einem vorschnellen Angriff zu verführen. Erst nachdem die feindlichen Flugzeuge ihre Last abgeladen hatten, drehten die Schiffe ab und boten nur noch ihre schmalen Hecks als Ziel. Alle Torpedos verfehlten sie. Zur selben Zeit fielen die Jäger von Henderson Field über die andere Gruppe her.

(Rechts) Oberleutnant Michiharu Shinya war Torpedooffizier auf der Akatsuki *(oben links). Die* Akatsuki *war Teil der Eskorte der Schlachtschiffe* Hiei *(Mitte links) und* Kirishima *(links, unten links), die Guadalcanal beschießen sollten.*

Nachdem alles vorbei war, waren die meisten Feindflugzeuge abgeschossen worden, bevor sie einen Treffer erzielen konnten. Jedoch stürzte eine brennende Betty in den hinteren Aufbau des Kreuzers *San Francisco,* zerstörte eine 20-mm-Flakbatterie und das achtere Feuerleitradar, dabei wurden 24 Männer getötet und 45 verwundet. Eigenes Feuer setzte die Torpedorohre des Zerstörers *Buchanan* außer Gefecht. Aber bald wurden wieder Transporter entladen. Turner war entschlossen, bei Einbruch der Nacht auf dem Heimweg zu sein.

Um 15.30 Uhr vereinigte sich Admiral Abes Streitmacht mit fünf weiteren Zerstörern unter Konteradmiral Tamotsu Takama. Abe nutzte diese Schiffe als Vorhut, vier Meilen vor seiner Hauptflotte – zwei Zerstörer in Linie an Backbord und drei an Steuerbord. In der Zwischenzeit bildete die Hauptmacht einen Pfeil mit dem leichten Kreuzer *Nagara* als Spitze, dann folgten in Abständen von etwa 2.000 m die Schlachtschiffe *Hiei* und *Kirishima.* An jeder Seite liefen drei Zerstörer seitlich gestaffelt. Sobald das Geschwader vor Guadalcanal stünde, beabsichtigte Abe, Admiral Takama vorzuschicken, um den Eisensund nach feindlichen Schiffen abzusuchen.

(Oben) Konteradmiral Daniel Callaghan (hier als Captain) wurde von Admiral Turner zum Führer des Geschwaders ausgesucht. (Unten) Dieses Foto der San Francisco *zeigt die Beschädigungen der Feuerleitanlagen am 12. November.*

Admiral Turner stand vor einem schweren Problem. Er wußte nicht, ob das japanische Geschwader, das von Norden heraneilte, Henderson Field zum Ziel hatte oder seine Transporter angreifen wollte, wenn er sich nach Süden zurückzog. Selbst ungeteilt standen seine Kriegsschiffe nach den Ergebnissen der Aufklärung einer überlegenen feindlichen Flotte gegenüber, der mindestens zwei Schlachtschiffe, möglicherweise nicht weniger als sechs Kreuzer und zehn bis zwölf Zerstörer angehörten. Man muß es Turner hoch anrechnen, daß er fest darauf setzte, daß es die Japaner auf die Beschießung des Flugfeldes abgesehen hätten, und er alle Einheiten – bis auf eine kleine Eskorte – zum Schutz von Henderson Field detachierte. Seine leeren Transporter würden nur in Begleitung von drei Zerstörern und zwei alten Minensuchern nach Hause fahren. Turner war der Überzeugung, daß er das Risiko eingehen mußte.

Turner übergab das Kommando über die fünf Kreuzer und acht Zerstörer, von denen er hoffte, daß sie die Japaner aufhalten würden, an Konteradmiral Daniel Callaghan an Bord des schweren Kreuzers *San Francisco.* Der grauhaarige Callaghan war nach den Worten des Marinehistorikers Samuel Eliot Morison »nüchtern, bescheiden und tief religiös. Ein hart arbeitender und gewissenhafter

(Unten) Der nagelneue leichte Kreuzer Atlanta *war Scotts Flaggschiff. An der Spitze der Linie lief die* Cushing *(oberer Einsatz), während andere Zerstörer wie die* Barton *(unterer Einsatz) die Nachhut bildeten.*

Offizier, der bei Seinesgleichen hohes Ansehen genoß und von seinen Männern geliebt wurde.« Läßt man diese menschlichen Qualitäten außer acht, dann war Callaghan nicht die erste Wahl für das Kommando bei diesem entscheidenden und gefährlichen Auftrag. Einige Historiker haben angemerkt, daß Turner besser Admiral Norman Scott, dem Sieger von Kap Esperance, die Zügel in die Hand hätte geben sollen.

Callaghan war zwar einige Tage dienstälter als Scott, verfügte aber über keine Kampferfahrung. Scott kämpfte seit sechs Monaten auf See, Callaghans aktiver Seedienst als Admiral hatte erst vor zwei Wochen begonnen. Vielleicht war es noch wichtiger, daß Scott erst kürzlich in einer Nachtschlacht gegen die Japaner gekämpft und ge-

wonnen hatte. Er war daher sowohl psychologisch als auch taktisch besser für die Herausforderungen dieser schwierigsten Form der Seegefechte gerüstet.

Die Dunkelheit war hereingebrochen, als Admiral Callaghans Geschwader Admiral Turner und seine Transporter zur östlichen Ausfahrt des Sundes geleitete. Dann setzte Turner den Kurs nach Südosten auf die Marinebasis Espirito Santo ab, und Callaghan formierte seine Schiffe in einer Gefechtslinie, vergleichbar der, die Scott vor Kap Esperance gewählt hatte. Die Zerstörer *Cushing*, *Laffey*, *Sterett* und *O'Bannon* übernahmen die Spitze, die Kreuzer *Atlanta*, *San Francisco*, *Portland*, *Helena* und *Juneau* bildeten das Zentrum, die Zerstörer *Aaron Ward*, *Barton*, *Monssen* und *Fletcher* die Nachhut.

Im Nachhinein betrachtet, hatte diese Verteilung zwei schwere Mängel. Erstens verwehrte sie dem erfahrenen Scott jede taktische Freiheit. Zweitens nutzte sie nicht die technische Überlegenheit, die die Amerikaner den Japanern auf dem Gebiet der Radarentwicklung voraus hatten, aus.

In der Schlacht bei Kap Esperance hatte der Kreuzer *Helena*, der erst kürzlich das SG-Radar erhalten hatte, als erster Feindkontakt gemeldet. Es handelte sich um das modernste Radargerät, das auf amerikanischen Marineeinheiten im Einsatz war, es war den einfachen SC-Geräten, mit denen die meisten von Callaghans Schiffen ausgerüstet waren, weit überlegen. Das SC-Radar war notorisch unzuverlässig und produzierte zeitweilig Geisterechos. Das SG-Radar hatte eine höhere Auflösung und konnte Überwasserziele besser von Landmassen in der Nähe trennen. Aber es scheint, daß weder Scott noch Callaghan voll erfaßten, welchen unschätzbaren Vorteil sie besaßen – vielleicht nicht ganz überraschend, wenn man bedenkt,

Commander Tameichi Hara, Kommandant des Zerstörers Amatsukaze, *machte sich berechtigte Sorgen über die japanische Schlachtordnung, die dann auch völlig durcheinandergeriet.*

wie neu diese Technologie war und wie wenig Erfahrung amerikanische Kommandanten damit hatten sammeln können. Das hilft zu erklären, wenn auch nicht zu entschuldigen, warum keiner der beiden Männer seine Flagge auf einem Schiff setzte, das mit der neuen Radaranlage ausgerüstet war. Ebenso bedauerlich war, daß Callaghan keinen richtigen Gebrauch von den Schiffen machte, die die Geräte an Bord hatten. Der einzige Zerstörer in der Vorhut mit SG-Radar war die *O'Bannon*, aber er hatte erst die vierte Position inne. Die *Portland*, die *Helena* und die *Juneau*, die drei Kreuzer mit SG-Geräten liefen hinter der *Atlanta* und der *San Francisco*, den zwei Kreuzern, die nicht damit ausgestattet waren.

Mitternacht ging vorüber, als Callaghans Schiffe durch die östliche Zufahrt des Eisensundes liefen und westwärts an der Küste Guadalcanals entlangdampften. In der amerikanischen Flotte war man aufs höchste

gespannt. Sogar diejenigen, die offiziell nichts von der bevorstehenden Schlacht wußten, hatten den Küstenklatsch gehört und wußten die Zeichen richtig zu deuten.

Commander Tameichi Hara an Bord des Zerstörers *Amatsukaze* konnte einfach nicht verstehen, was Konteradmiral Abe sich dachte. Schon eine Stunde vor Sonnenuntergang fuhren sie in dichtem Regen nach Süden. Die Sicht war häufig auf Null reduziert. Dann, es war kurz nach Mitternacht, die Zerstörervorhut schwebte in der Gefahr, blindlings auf die Insel Savo zu laufen, hatte der Admiral die Flotte auf Gegenkurs gehen lassen und die Fahrt auf 12 Knoten reduziert. Sollte das Wetter sich nicht ändern, mußte er sein Vorhaben aufgeben. Jetzt hatte Abe seine Schiffe wieder drehen lassen. Er hatte Funknachrichten von Guadalcanal erhalten, die besagten, daß es dort aufklarte. Das Bombardement von Henderson Field würde also wie geplant durchgeführt werden. Aber während der ganzen Zeit hatte der Admiral seine komplexe Schlachtordnung nicht vereinfacht.

Nach zwei Stunden voller Fahrt bei Null-Sicht und zwei anschließenden abrupten Kursänderungen mußte die Formation ein einziges Durcheinander sein, vermutete Commander Hara. Er hatte recht. Die fünf Zerstörer der Vorhut folgten jetzt dem Gros. Als der Admiral um 00.46 Uhr dieser »Vorhut« befahl, wie geplant in den Eisensund zu laufen und nach feindlichen Schiffen zu suchen, wurde das Durcheinander im Geschwader noch größer. Drei Zerstörer blieben hinter dem Gros, zwei andere standen vor und leicht seitwärts vom Bug der *Nagara*. Der geplante Schlag wurde niemals ausgeführt.

Um 01.25 Uhr sichteten Admiral Abes Einheiten Lichtsignale der japanischen Posten am Kap Esperance. Er legte seine Schiffe auf einen südöstlichen Kurs, der sie südlich von Savo in den Sund führen würde. Die Geschwindigkeit wurde auf 18 Knoten erhöht. Da er nicht wußte, daß seine Vorhut nicht aufgeklärt hatte, mußte er annehmen, die Luft sei rein. Die letzten feindlichen Schiffe waren kurz nach Sonnenuntergang vor Lunga Point gesichtet worden, vor mehr als sechs Stunden. Seine neuesten Berichte von Beobachtern auf Guadalcanal bestätigten, daß keine Überwassereinheiten im Sund und keine Flugzeuge in der Luft waren. Es schien, als ob das Glück mit ihm wäre, der Feind sich wieder einmal mit Einbruch der Dunkelheit zurückgezogen hätte. Um 01.30 Uhr befahl er: »Klar zum Gefecht! Ziel Flugplatz!«

Auf der schwach erleuchteten Brücke der *Atlanta* fühlte sich Oberleutnant Steward Moredock wie das fünfte Rad am Wagen. Als Admiral Scotts Operationsoffizier wußte er genausoviel wie sein Chef über den erwarteten japanischen Angriff in dieser Nacht. Er hatte diesen Job erst ein paar Wochen und war erstaunt, als er entdeckte, in welchem Umfang die Alliierten den gegnerischen Funkverkehr mitlesen konnten. Er wußte, daß der Feind in beträchtlicher Stärke unterwegs war. Aber jetzt war alles, was er tun konnte, warten.

Ein paar Meter von Moredock entfernt, tauschten Admiral Scott und Captain Samuel Jenkins ein paar Worte aus, dann gingen sie wieder zurück in den Plotterraum, um wieder auf die Karte zu starren. Die Spitze der amerikanischen Linie passierte jetzt Lunga Point fast auf Gegenkurs zu den entgegenkommenden Japanern. Im TBS-Sprechfunk waren knatternd Stimmen von anderen Schiffen zu hören. TBS (Talking Between Ships) war eine neue Errungenschaft und bei weitem kein perfektes System: Es verfügte nur über eine Frequenz für alle Schiffe, die sowohl zum Senden als auch zum Empfangen genutzt wurde. Meldungen wurden verstümmelt oder unterdrückt. In der Hitze des Gefechts konnte das zu ernsten taktischen Fehlern führen.

An der Spitze der 13 amerikanischen Schiffe befand sich der Zerstörer *Cushing*. Deren Skipper, Kapitänleutnant Edward »Butch« Parker, überdachte seine Situation. Er war schon früher an ungemütlichen Orten gewe-

Admiral Scotts junger Helfer, Stewart Moredock, in seiner Vorkriegsparadeuniform.

sen. Im Januar 1942 hatte er einen von vier alten »Vierschornstein«-Zerstörern kommandiert, die die japanische Landung auf Borneo verhindern wollten. Er hatte den Nachtangriff durch die feindlichen Kriegsschiffe auf die Landungsboote angeführt. Weiter hatte er sich vor Bali und in der Schlacht in der Javasee ausgezeichnet. Er war zweimal mit dem Navy Cross und einem Silver Star für seine Taten im vergeblichen Kampf gegen den blutrünstigen japanischen Moloch ausgezeichnet worden. Ja, er war schon in ein paar heißen Ecken gewesen, aber diese schien ihm bei weitem die heißeste zu sein. Er war neu auf seinem Schiff, und jetzt führte er eine Linie Kriegsschiffe in die Schlacht gegen eine unsichtbare, überlegene Streitmacht.

Um 01.27 Uhr, während Parker mit seinen Augen die Dunkelheit vor sich zu durchdringen versuchte, meldete sich die *Helena* krächzend über TBS: »Feindliche Schiffe in rechtweisend 310 Grad, Entfernung 29.200 Meter.«

Der Feind stand knapp 16 Seemeilen vom Schiff in der Mitte der amerikanischen Linie entfernt – also nur etwa 13 Seemeilen von ihm entfernt –, aber sein Radarraum meldete keinen Kontakt.

Wie in der Schlacht bei Kap Esperance hatte der leichte Kreuzer *Helena* den ersten Kontakt mit seinem SG-Gerät hergestellt. Wieder war der japanische Verband entdeckt worden, bevor er auch nur ahnte, daß ein amerikanisches Geschwader unterwegs war, um ihn abzufangen. Wieder wurde der Vorteil verspielt, als Admiral Callaghan sich kein klares Bild von der sich entwickelnden Situation machen konnte. Er wußte nur, was er über TBS hören konnte, dessen Frequenz bald hoffnungslos verstopft war, als sich andere Schiffe mit Rückfragen und neuen Radarmeldungen überboten. Callaghan war unsicher, wer sich wo befand, also zögerte er, aber ließ den Kurs nach Steuerbord auf 310 Grad ändern. Er führte seine Linie direkt auf die vermutete Position der japanischen Flotte zu, wahrscheinlich, um die Entfernung vor der Feuereröffnung zu verkürzen. Der Abstand verringerte sich in der Tat schnell, denn die beiden feindlichen Flotten näherten sich einander mit einer Geschwindigkeit von zusammen fast 40 Knoten. Ein paar Minuten nach der ersten Kontaktmeldung der *Helena* gab sie Callaghan durch, daß die feindlichen Schiffe jetzt rund 24.000 m entfernt wären. Das bedeutete, daß die Japaner sich knapp 13 Seemeilen vor der Mitte seiner Linie befanden, seine führenden Zerstörer waren erheblich näher dran. Kein amerikanisches Radargerät hatte bis jetzt die führenden japanischen Zerstörer *Yudachi* und *Harusame* geortet, die sich vor dem Gros befanden. So war ein Zusammenstoß zwischen den beiden Formationen unvermeidlich.

Niemand wird je erfahren, was Admiral Callaghan wirklich dachte, als er kurz über seine nächsten Schritte nachsann. Aber sicherlich wollte er sich in eine günstige Stellung zum feindlichen Verband hineinmanövrieren, den er noch über 12 Seemeilen im Westen wähnte. Das würde auch seinen Befehl erklären: »In Linie auf Kurs 360 Grad gehen!« Genau nach Norden. Wären die Japaner noch so weit weg gewesen, wie Callaghan vermutete, hätte ihn diese Rechtsschwenkung vor die feindliche Linie gebracht, er hätte »das T gekreuzt« und alle seine Geschütze auf eine Entfernung von drei bis vier Meilen zum Tragen bringen können.

Ein paar Minuten nach Callaghans Befehl, auf Nordkurs zu drehen, meldete die *Helena* neue Radarkontakte, die für den Admiral ein harter Schlag gewesen sein müssen: Vier Schiffe im Westen, Entfernung zwei Seemeilen. Das war viel näher, als er bei den vorhergehenden Meldungen hätte rechnen müssen. Ungläubig befahl Callaghan der *Helena,* die Meldung zu wiederholen und die Entfernung zu bestätigen. Wie war der Feind so schnell herangekommen? Oder handelte es sich um einen völlig anderen Verband? War es ein echter Kontakt oder ein Geisterecho? Die Meldung der *Helena,* wenn denn richtig, ist noch heute so unerklärlich, wie sie dem amerikanischen Admiral in jener stockdunklen Nacht des 13. November gewesen sein muß. Die vier japanischen Schiffe, die »versetzt wie eine in Unordnung geratene Marschlinie« fuhren, können nur Teil des japanischen Gros gewesen sein, aber wir wissen nichts über die japanischen Bewegungen, die sie so zeitig so dicht an die amerikanische Linie gebracht hatten. Callaghan wußte nur, daß der Feind ihm gleich an der Kehle sitzen würde und sein Schlachtplan Makulatur war.

Admiral Callaghan hatte kaum Zeit, diese aufwühlende Nachricht der *Helena* zu verdauen, als noch beunruhigendere, weil noch sicherere, Meldungen vom führenden Zerstörer *Cushing* einliefen. Dort hatte man visuellen Kontakt mit »drei« Schiffen, die rund zweieinhalb Meilen vor ihrem Bug vorbeiliefen. Wahrscheinlich waren es die *Harusame* und die *Yudachi.* Für Callaghan tauchten die Schiffe buchstäblich aus dem Nichts auf, völlig unentdeckt von seinem Radar. Plötzlich erschien es so, als ob zwei separate feindliche Geschwader vor seiner Linie operierten, das eine genau voraus, das andere an Backbord. Er wurde von zwei Seiten bedrängt, jede Hoffnung, »das T zu kreuzen«, war verflogen.

Auf der *Cushing* ergriff Commander T. Murray Stokes, der Divisionskommandeur der vier führenden Zerstörer, die Initiative. Er erbat die Erlaubnis zur Feuereröffnung, während er die *Cushing* nach Backbord drehte, um die Torpedorohre und Geschütze auf den Gegner vor sich richten zu können. Die Zerstörer hinter ihm folgten, und die Spitze der amerikanischen Linie begann sich aufzulösen.

Das erste japanische Schiff, das den Feind sichtete, war die *Yudachi,* die »unbekannte Schiffe voraus« etwa zur selben Zeit meldete, als die *Cushing* den Sichtkontakt durchgab. Eine quälende Minute später meldete der Ausguck der *Hiei* vier feindliche Kreuzer voraus, Entfernung sechs Meilen. Admiral Abe muß sich gefragt haben, warum das Schicksal es so schlecht mit ihm meinte. Seine zwei Schlachtschiffe waren auf eine Landbeschießung vorbereitet und standen jetzt plötzlich vor einem Seegefecht. War es zu spät, die Hauptartillerie mit panzerbrechenden Granaten zu laden? Die Antwort folgte auf dem Fuß, als der Ausgucker der *Hiei* etwas meldete, was ihm als sechs feindliche Kreuzer und sieben Zerstörer erschien. Abe ließ seine Formation nach Backbord schwenken, um alle Geschütze zum Tragen bringen zu können. Dann befahl er das Anstrahlen des Gegners mit den Scheinwerfern.

Auf der Brücke der *Atlanta* war die Spannung kaum noch zu ertragen. Das TBS war ein krachendes Chaos, in das die verschiedenen Schiffe ihre Sichtmeldungen und Fragen brüllten. Es war klar, daß der Feind sehr nahe stand, trotzdem war noch immer kein Feuerbefehl vom Flaggschiff gekommen.

Schließlich knurrte Admiral Scott frustriert: »Nun, wenn der Admiral keinen Feuerbefehl gibt, dann werde ich das tun.« Da wurde die *Atlanta* mit einem anderen dringenderen Problem konfrontiert. Sie mußte hart nach Backbord ausweichen, um einen Zusammenstoß mit der *O'Bannon* zu vermeiden. Von der Brücke der *San Fran-*

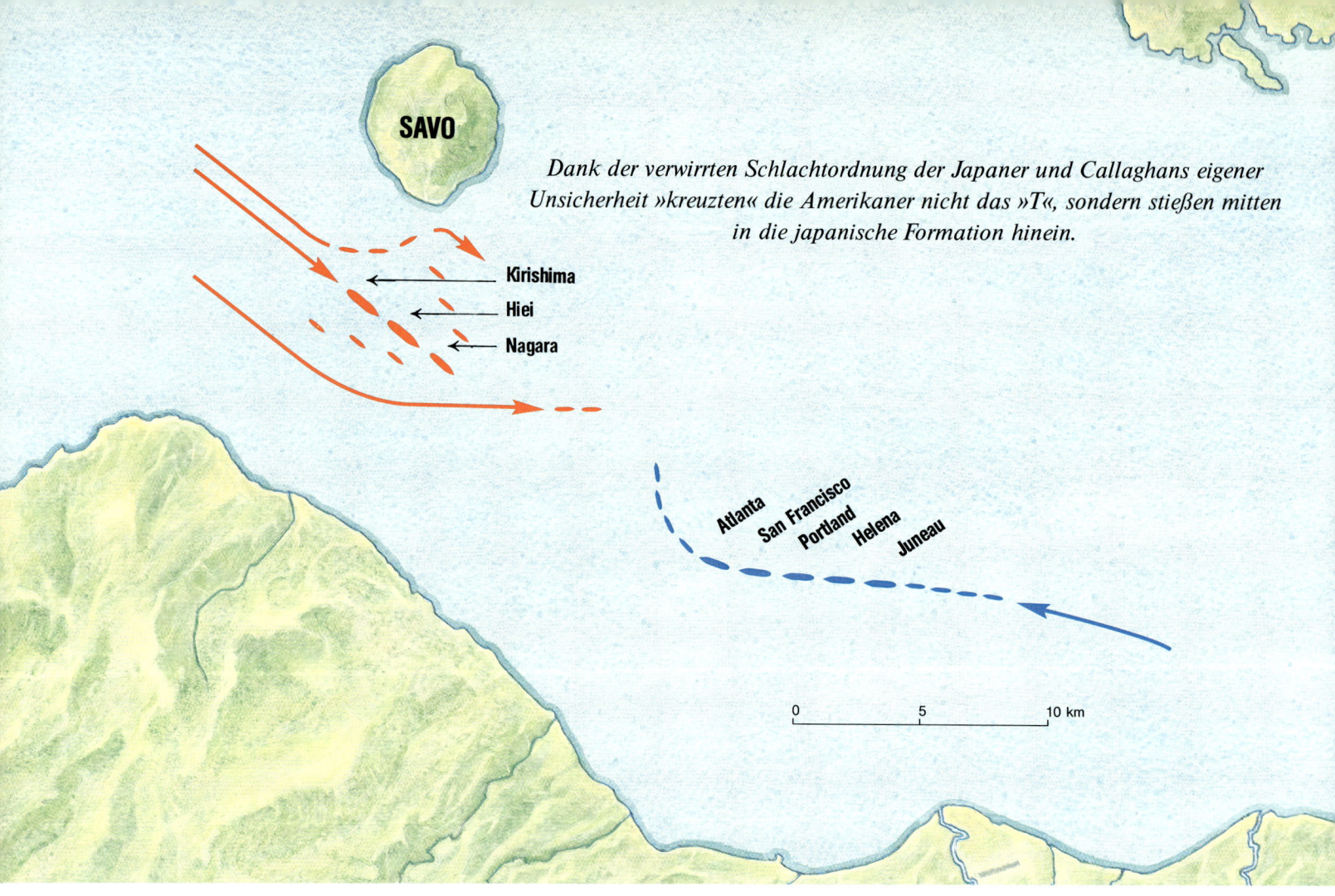

SAVO

Kirishima
Hiei
Nagara

Dank der verwirrten Schlachtordnung der Japaner und Callaghans eigener Unsicherheit »kreuzten« die Amerikaner nicht das »T«, sondern stießen mitten in die japanische Formation hinein.

Atlanta San Francisco Portland Helena Juneau

0   5   10 km

cisco unmittelbar hinter der *Atlanta* sah Admiral Callaghan das Schiff aus der Linie ausscheren. »Was machen Sie?«, quengelte er. »Unseren Zerstörern ausweichen«, erwiderte Captain Jenkins. »Kommen Sie so bald wie möglich auf ihren Kurs zurück!« befahl der Admiral. »Sie bringen die ganze Linie durcheinander.« Aber jede Hoffnung auf eine intakte Schlachtformation war schon verspielt. Als der führende Zerstörer *Cushing* schließlich Callaghans Befehl folgte und wieder auf Nordkurs ging, war der japanische Kreuzer *Nagara* an ihrer Steuerbordseite in Sicht. Das bedeutete, daß die ganze amerikanische Linie mitten in das Zentrum der feindlichen Formation dampfte.

Oberleutnant Lloyd Mustin, der Zweite Artillerieoffizier der *Atlanta*, hatte mit wachsender Bestürzung dem Funkverkehr gelauscht. Der Gesprächspartner des Admirals hatte eine aufreizend gekünstelte Art, jede Silbe zu betonen, wo knappe Befehle angebracht gewesen wären. In seiner Gefechtsstation im achternen Feuerleitstand war er verantwortlich für die drei 12,7-cm-Türme. Seit einigen Minuten verfolgten seine Entfernungsmesser zwei Radarechos, Geschwindigkeit 20 Knoten, deren

Abstand sich unerbittlich verringerte. Als ob seine Worte den Admiral zum Handeln zwingen könnten, sagte er den Männern am Entfernungsmesser: »Das sind die richtigen Ziele! Fertig zum Feuern!«

Durch das Torpedozielfernrohr auf der Brücke der *Akatsuki* konnte Oberleutnant Michiharu Shinya die dunklen Silhouetten mehrerer feindlicher Kriegsschiffe vor dem Steuerbordbug ausmachen. Während er sie beobachtete, drehte eines auf sein Schiff zu. Wie es schien, hatten die Amerikaner neue Einschornsteinzerstörer. »Sind es Gegner oder unsere?« fragte der Kommandant. »Gegner, kein Zweifel, Sir!« erwiderte Shinya schnell. Aber auch andere aufreizende Beute war klar zu erkennen. Sicher wäre es besser, das kleine Schiff passieren zu lassen und die fettere Beute anzugreifen, dachte der junge Torpedooffizier. Aber sein Kommandant war anderer Meinung. »Mit den Scheinwerfern anstrahlen!« befahl er. Die Scheinwerferblenden der *Akatsuki* klappten fast im selben Augenblick auf wie die der *Hiei*. Ihre mächtigen Lichtbalken beleuchteten einen kleinen feindlichen Kreuzer.

Oberleutnant Shinyas Posten war die Brücke der Akasuki, *hier deutlich zu erkennen. Als die Scheinwerfer der* Akasuki *und der* Hiei *aufflammten, sah er die angestrahlte* Atlanta.

In diesem Augenblick – oder auch kurz davor – gab Callaghan den lang erwarteten Feuerbefehl, aber es war kein Befehl, auf den man stolz sein konnte: »Schiffe mit ungerader Nummer feuern nach Steuerbord, gerade Nummern nach Backbord.« Er hatte erkannt, in welches Schlamassel er seine Schiffe geritten hatte, also versuchte er, das Beste aus dieser verfahrenen Situation zu machen. Fast augenblicklich eröffnete der Zerstörer *Sterret* das Feuer nach Backbord, während die *Helena* und der Zerstörer *Aaron Ward* nach Steuerbord feuerten. Die Schlacht – oder besser die wilde Prügelei – hatte begonnen.

Oberleutnant Stewart Moredock stand im Ruderhaus der *Atlanta,* als die feindlichen Scheinwerfer aufflammten. Captain Jenkins, der dicht vor Moredock stand, warf einen langen Schatten. Der junge Oberleutnant hatte das Gefühl, ein Loch würde in ihn hineingebrannt. Dann beobachtete er, wie die vorderen Türme mit unglaublicher Geschwindigkeit, so erschien es ihm jedenfalls, nach Steuerbord schwangen und feuerten. Die feindlichen Scheinwerfer erloschen. Die Erleichterung aber war nur kurz.

Im achteren Feuerleitstand der *Atlanta* wartete Oberleutnant Mustin den Feuerbefehl nicht ab. Sofort, als die feindlichen Scheinwerfer sein Schiff anstrahlten, gab er einfach die Order: »Gefecht an Backbord! Ziel: Scheinwerfer! Feuer frei!« Zu diesem Zeitpunkt war das nächste Schiff in seinem Visier weniger als eine Seemeile entfernt, was bedeutete, daß die Flugzeit der Projektile kaum mehr als zwei Sekunden betrug.

Auf der Brücke der *Akatsuki* erfolgte eine Explosion, und gab es einen grellen Lichtblitz. Das ganze Schiff schien unter Oberleutnant Shinyas Füßen zu erbeben. Plötzlich traf ihn die Druckwelle, und er wurde zu Boden geschleudert. »So, jetzt bin ich also an der Reihe zu sterben!« dachte er und fühlte sich losgelöst von seinem irdischen Ich. Dann wurde er schlagartig in die Wirklichkeit zurückgerissen. Während er versuchte, sich aufzurichten, dröhnte sein Kopf, als ob er einen Schlag erhalten hätte, seine rechte Wange brannte, und Blut sickerte in sein rechtes Auge.

»Ruder Backbord!« brüllte Commander Takasuka, aber als Shinya in die Richtung blickte, in der gewöhnlich der Rudergänger stand, sah er niemanden. Er war nahe genug am Ruder, um es noch im Sitzen zu erreichen. Als er es packte, ließ es sich ohne Widerstand drehen. »Ruderschaden!« meldete er. Der Kommandant konnte vom Artillerieleitstand keine Antwort bekommen, und nur eine Handvoll Offiziere auf der Brücke lebte noch. Shinya taumelte unter den Nachwirkungen der Explosion, er hatte Mühe, die Situation zu begreifen. Dann bemerkte er ein unangenehmes, klebriges Gefühl an seinen Füßen. Er blickte nach unten und entdeckte, daß seine Schuhe verschwunden – offensichtlich von der Explosion weggerissen – und seine Socken blutverklebt waren.

Nach Shinyas Beobachtung war die *Akatsuki* außer Gefecht gesetzt worden, ohne einen Schuß abgefeuert zu haben. Aber einer der anderen Zerstörer seiner Gruppe – entweder die *Ikazuchi* oder die *Inazuma* – lancierte Torpedos gegen den feindlichen Kreuzer. Einer von ihnen durchbohrte die schwach gepanzerte Flanke der *Atlanta* und explodierte im vorderen Maschinenraum, wodurch deren gesamte Energieversorgung mit Ausnahme der Hilfsdiesel ausgeschaltet wurde. Der Torpedotreffer wurde von den Männern in allen Teilen des Schiffes mit beängstigender Deutlichkeit registriert. Bis jetzt waren die feindlichen Granateinschläge und die eigenen Salven nur für diejenigen auseinanderzuhalten gewesen, die einen direkten Ausblick auf das Gefechtsgeschehen hatten. In der Kommandozentrale zwei spürte Quartermaster George Petyo, wie sich das Schiff buchstäblich aus dem Wasser hob. Ein Schwall warmen Seewassers klatschte über den Splitterschutz, durch das Torkeln des Schiffes mußte er sich auf den Hintern setzen. Quartermaster Henry Durham, der auf der Brücke die Telefonringleitung zwischen der Kommandozentrale Zwei, dem Maschinenraum, dem Rudermaschinenraum und der Lecksicherungszentrale bediente, verlor die Verbindung zum Maschinenraum, als das Schiff so gewaltig geschüttelt wurde. Einige Augenblicke später war das Schiff nicht mehr steuerfähig, es wurde zum Rudermaschinenraum umgestellt. Ein paar Schritte entfernt von Durham stand Stewart Moredock und beobachtete, wie der Zeiger der Logge gegen Null absackte, als das Schiff langsamer wurde.

Die Nachtschlacht hatte sich schnell in einen chaotischen Tumult verwandelt, in dem sich Schiffe beinahe rammten, auf ständig wechselnde Ziele feuerten und Fahrt und Kurse bei dem Versuch änderten, freien Manövrierraum zu gewinnen. Der Kurs der *Hiei* brachte sie in die Nähe der vier vorderen amerikanischen Zerstörer, die wie wild manövrierten, um ihr einen Torpedotreffer zu verpassen und sich gleichzeitig mit mindestens zwei japanischen Zerstörern herumschossen. Als erster griff der Zerstörer *Laffey* die *Hiei* an. Dabei entging diese nur knapp einer Kollision, als sie dicht vor dem Bug des Schlachtschiffs vorbeischor. Ihr auf die Brücke gerichtetes MG-Feuer tötete Captain Masakane Suzuki, Admiral Abes Chef des Stabes. Obwohl mehrere amerikanische Zerstörer Torpedos abfeuerten, traf keiner. Allerdings beschädigten ihre 12,7-cm-Granaten die Aufbauten der *Hiei*.

Fälschlicherweise glaubte der Kommandant der *Cushing*, Kapitänleutnant Parker, daß zumindest zwei seiner sechs Torpedos, die er aus einer Entfernung von knapp 1.100 m abgeschossen hatte, die *Hiei* getroffen hätten. Er muß von den Flammenzungen ihres Mündungsfeuers getäuscht worden sein oder wurde von den schrecklichen Schlägen abgelenkt, die sein Schiff einstecken mußte. Er lag im Kreuzfeuer zwischen dem japanischen Schlachtschiff und anderen japanischen Schiffen. Feindliche Geschosse brachten die Kanonen zum Schweigen, die Maschine und das Rudergeschirr fielen aus. Viele Seeleute starben.

Elektrikermaat William Johnson befand sich außerhalb der Feuerlinie. Seine Gefechtsstation war der Kreiselkompaß und die Geschützfernsteuerung in einem kleinen Raum direkt unter der Brücke, über dem Schiffsboden, aber er fühlte sich keineswegs wohl. Er vernahm das Donnern der Geschütze, hatte aber keine Ahnung, wie das Gefecht stand. Der Mann neben ihm, seine einzige Gesellschaft in dem engen Raum, war seit dem Beginn der Schlacht erstarrt. Da sein Kumpel die Kopfhörer aufhatte, war Johnson von der Verbindung mit der Brücke abgeschnitten. Er überlegte, wie er seinen Kameraden wieder aus dem Schockzustand holen konnte, als das Licht erlosch.

Johnsons erste Reaktion galt dem Kreiselkompaß. Schnell zog er die Klemmschrauben an, die ihn am Platz hielten. Dann riß er seinem vor Angst paralysierten Kollegen die Ohrhörer ab und rief die Brücke. Die Stimme, die sich meldete, gehörte Bert »Doc« Savage, dem Schiffskoch, dessen Gefechtsstation als Telefonmelder die Brücke war. »Wo bist du?« fragte Savage. Als es ihm Johnson erklärte, rief er: »Raus da!« Im Licht der Gefechtslaterne gelang es Johnson, seinen Freund durch die Luke über ihnen zu drücken und auf das Messedeck zu bugsieren. Als sie diesen offenen Raum durchquerten, bemerkte er zwei klaffende Löcher in der Backbord- und Steuerbordaußenhaut, durch die eine Granate glatt

(Links) William Johnson wußte tief im Inneren der Cushing nichts von der Schlacht, in die sich

»Butch« Parker (Einsatz) einließ. (Rechts) Henry Durham von der Atlanta.

hindurchgeschlagen war. Dabei hatte sie knapp den Treibstofftank mit 8.400 Litern verfehlt. Als sie das Hauptdeck erreichten, sahen sie überall flackernde Feuer und tote Körper.

Zu diesem Zeitpunkt, vielleicht fünf Minuten waren seit Beginn der Schlacht vergangen, war jeder Anschein einer organisierten Formation auf beiden Seiten verschwunden, da sich die jeweiligen japanischen und amerikanischen Kommandanten unabhängig von der Flotte in eine Serie von Schiff-zu-Schiff-Gefechten verstrickten. Aus dem Aufbau der *Hiei*, dem japanischen Flaggschiff, schlugen Flammen, aber sie kämpfte weiter. Auch die unbeschädigte *Kirishima* schlug mit ihren 35,6-cm-Geschützen mit tödlicher Präzision zu. Die *Atlanta*, die *Cushing* und die *Akatsuki* steckten wirklich in ernsten Schwierigkeiten – sie trieben antriebslos auf dem Wasser und konnten sich nicht verteidigen.

Auf der Brücke der *Amatsukaze* war Commander Hara für einen Augenblick von den feurigen Einschlägen der amerikanischen Granaten auf der *Hiei* geblendet. Er sah, daß einige der Granaten über das Flaggschiff flogen und in gefährlicher Nähe seines Schiffes einschlugen, da führte er sein Schiff ins Gefecht. Mit voller Fahrt rausch-

te die *Amatsukaze* aus der Deckung hinter der linken Flanke der *Hiei* und wurde in Position gebracht, um die Torpedos feuern zu können. Aber bevor Hara die gegnerischen Silhouetten, die er als »schemenhafte Erscheinungen« beschrieb, als Ziele erfassen konnte, liefen drei japanische Zerstörer zwischen ihm und seinen Zielen durch. Als er wieder in Richtung der *Hiei* blickte, sah er zu seinem Schrecken, daß Flammen aus ihrem Gefechtsmast schlugen.

Als er feststellte, daß die japanischen Zerstörer nach Backbord abdrehten, entschloß sich Hara in ihrem Kielwasser zu folgen. Plötzlich erschienen die deutlichen Umrisse mehrerer Schiffe in der amerikanischen Linie an seiner Steuerbordseite, das nächste mochte etwas weiter als drei Meilen entfernt sein. Perfekt! Es war klar, daß sein Torpedooffizier ebenso dachte. »Commander, lassen Sie uns den Aal abschießen!« rief er. »Achtung, Fischermänner!« rief Hara als Erwiderung. Dann drehte er sein Schiff auf Angriffskurs und hielt mit voller Fahrt auf das nächststehende feindliche Schiff zu, bis die Entfernung nur noch zwei Meilen betrug. »Torpedos klar. Feuer!« befahl der Skipper des Zerstörers. Acht Long-Lance-Torpedos klatschten ins Wasser und jagten auf ihr Ziel zu. Ein oder zwei Minuten später schossen bei dem amerikanischen Zerstörer *Barton* zwei Feuersäulen in die Höhe. Noch während Hara hinblickte, brach das Schiff auseinander und versank schnell.

Inzwischen stand die *Atlanta* durch Treffer vor der Brücke in Flammen. Hilflos begann sie nach Süden abzudrehen. Das brachte sie unausweichlich zwischen die *San Francisco* und mehrere japanische Schiffe, gerade in dem Augenblick, als der Kommandant der *San Francisco*, Captain Cassin Young, seinen Artillerieoffizieren einen Zielwechsel befahl – von einem schon brennenden Zerstörer an seiner Steuerbordseite auf einen zweiten dahinterlaufenden Zerstörer. Was als nächstes geschah, war der Alptraum eines jeden Kriegsschiffkommandanten. Die Artillerieoffiziere der *San Francisco* hielten die *Atlanta* für ein feindliches Schiff – oder übersahen, daß sie in ihre Schußlinie trieb – jedenfalls schlugen 20,3-cm-Granaten in sie ein und durch sie hindurch.

Steward Moredock stand auf der Steuerbordseite des Ruderhauses der *Atlanta* und fragte sich, wie schwer der Torpedo das Schiff wohl beschädigt haben mochte. Er sah auf dem Vordeck Flammen, und irgendwo entwich zischend Dampf. Obwohl er keinen Schmerz verspürte, merkte er, daß er verwundet worden war. Er blutete an mehreren Stellen, und wenn er seine rechte Hand zu bewegen versuchte, ging das einfach nicht. Aber er empfand weder Angst noch Ärger, nur eine Art Geistesabwesenheit, die aus dem Schock resultierte. Er blickte zur Backbordseite des Ruderhauses, wo Captain Jenkins stand, dann sah er nach hinten zum äußeren Laufsteg, der vom Ruderhaus zum Kartenraum führte. Admiral Scott verließ gerade den Kartenraum und kam nach vorne gelaufen. Moredock sah ihn den nächsten Schritt nehmen, dann lag Scott zusammengekrümmt an Deck; er war tot, bevor er noch den Boden berührte. Es folgte eine ohrenbetäubende Explosion, und die Brücke versank in Dunkelheit.

Zwei Salven der Hauptartillerie der *San Francisco* schlugen in *Atlantas* Aufbau ein, setzten das Schiff großflächig in Brand und dezimierten die Schiffsführung. Auf der verwüsteten Brücke waren Steward Moredock und Captain Jenkins bei der kleinen Handvoll Überlebender.

Moredock humpelte zur Reling an der Steuerbordseite; auch eines seiner Beine war jetzt verletzt. Er hatte vor, sich hinüberzuschwingen und sich auf das darunterliegende Deck fallen zu lassen. Da er seine rechte Hand

(Seite 134) Die Atlanta *wurde früh beim Angriff auf den Gegner beschädigt. Antriebslos erhielt der Kreuzer dann mehrere 20,3-cm-Treffer vom Flaggschiff* San Francisco.

nicht benutzen konnte, mußte er sich allein auf die linke verlassen. Als er sich über die Seite schwang, gab es einen Knacks im linken Handgelenk, seine Hand öffnete sich, und er fiel einfach hinunter, tiefer und tiefer, bis er weich landete. Als er auftraf, hörte er das Zischen von Luft, die aus toten Lungen entwich. Er war auf einem Leichenberg gelandet.

Einer der letzten lebenden Männer auf der Brücke der *Atlanta* war Quartermaster Henry Durham. Als die Granaten der *San Francisco* einschlugen, hatte er direkt hinter dem Chief Quartermaster Rob Roy Latta gestanden, der das Ruder bei Beginn der Schlacht übernommen hatte. Beim Verlöschen des Lichts stürzte Latta nach vorne über das Ruder, dabei stieß er ein schrecklich gurgelndes Geräusch aus. Durham zog seinen Vorgesetzten zur Steuerbordtür. Im Licht der Flammen, die draußen tobten, versuchte er verzweifelt, Lattas Brustwunde zu versorgen, indem er Stücke seines Hemdes in die vielen Löcher stopfte, aus denen das Blut blubberte. Es war sinnlos. Latta war offensichtlich tot.

Durham suchte weiter nach Überlebenden, trat auf eine Stelle des Decks, die nicht mehr da war, und stürzte – er landete weich auf sehr lebendigen Körpern. Es war die Besatzung des überschweren MG-Standes an Steuerbord. Ihr Anführer war ziemlich irritiert über Durhams ungewöhnliche Annäherung. »Du hättest einen meiner Jungs verletzen können«, rief er empört. Der Quartermaster rappelte sich aus der Wanne hoch und wandte sich nach achtern, um zu sehen, ob er in der Kommandozentrale Zwei helfen konnte.

Die Flammen breiteten sich aus, und die *Atlanta* trieb nach Süden ab, fort von der Schlacht. Von ihren acht Hauptgeschütztürmen waren nur die Türme sieben und acht unbeschädigt geblieben. Über 200 Mann lagen verwundet, sterbend oder tot auf ihren Decks, und Wasser strömte weiter durch das vom Torpedo aufgerissene Loch in den Rumpf.

Im Heckbereich der *Atlanta* ordnete zumindest ein Offizier verfrüht das Verlassen des Schiffs an. Dieser Befehl erreichte auch den Seemann David Driscoll und die anderen Männer im oberen Munitionsraum der 12,7-cm-Kanone Nummer acht, der achteren Doppellafette. Als Driscoll das Deck erreichte, schien der Befehl sehr berechtigt zu sein. Von seiner Position aus gesehen, schien der ganze vordere Aufbau in Flammen zu stehen. Er half dabei, ein Rettungsfloß von der Seite eines Geschützturms zu lösen und es über die Seite zu werfen, dann kletterte er mit mehreren anderen hinein. Alles,

woran er denken konnte, war, schnell von dem Schiff wegzukommen, bevor es explodierte und sank.

An Bord der *San Francisco* bemerkte der Admiral fast umgehend den fatalen Fehler seiner Artilleristen, die *Atlanta* beschossen. Nach der zweiten Salve befahl er die Einstellung des Feuers auf eigene Schiffe. Unglücklicherweise wurde diese Weisung unbeabsichtigt über TBS ausgestrahlt, was für Verwirrung und Bestürzung überall in der zerrissenen amerikanischen Linie sorgte. Callaghan stellte rasch klar: »Macht ihnen die Hölle heiß!« befahl er und dann: »Wir wollen die Großen! Haltet zuerst auf die Großen drauf!« Sein eigenes Schiff nahm das feindliche Flaggschiff auf eine Entfernung von rund 2300 m unter Feuer.

Während der Kreuzer und das Schlachtschiff Salven austauschten, mischten sich Zerstörer beider Seiten in den Streit. Aber es war die *Hiei*, die den meisten Schaden verursachte. Ihre Granaten der Haupt- und der Sekundärartillerie zertrommelten die Brücke der *San Francisco* und die Kontrollzentrale Zwei. Dieser Feuersturm tötete oder verwundete alle höheren Offiziere. Admiral Callaghan starb sofort. Captain Young wurde tödlich verwundet. Als der Schußwechsel vorüber war, stellte Kapitänleutnant Bruce McCandless, der 31jährige Funkoffizier des Schiffes, fest, daß er das Kommando auf der schwer beschädigten Brücke hatte. Trotz des erbärmlichen Zustands des Schiffes führte McCandless es nach Westen zurück, wieder in die Schlacht hinein, damit keine anderen amerikanischen Schiffe vorzeitig dem sich zurückziehenden Flaggschiff folgten. Erst nachdem er wieder den Feind angegriffen hatte, einschließlich eines Schußwechsels mit der *Hiei* und der *Kirishima*, drehte er das Schiff nach Osten und zog sich dann aus der Feuerlinie zurück.

In der Offiziersmesse der *Cushing* arbeitete Oberleutnant James Cashman verbissen, um mit dem stetigen Strom der verwundeten Männer, der in seine Erste-Hilfe-Station hineingespült wurde, auf dem laufenden zu bleiben. Zwei Offiziere, deren Gefechtsstationen zerstört worden waren, assistierten ihm und seinem Sanitäter. Das waren sein Kabinenkollege Leutnant Eugene Huntemer und ein junger Leutnant namens Donald Henning. Cashman bewegte sich zwischen den großen Eichentischen, die jetzt als Operationstische dienten, hin und her. Jede nur vorstellbare Splitterwunde war zu versorgen, angefangen von tiefen Rissen bis zu abgetrennten Armen. In den meisten Fällen konnte er nicht viel mehr tun, als eine Aderpresse anzuziehen, die Wunde zu verbinden und Morphium gegen die Schmerzen zu verabreichen. Manchmal mußte ein Glied amputiert werden, gelegentlich waren es auch zwei.

Cashman war gerade dabei, mit der Hilfe von Huntemer eine Nackenwunde zu versorgen, bei der eine Halsvene zerschnitten worden war, als die Wechselsprechanlage knatternd die Information durchgab, daß Oberleutnant Seymour Ruchamkin, der Führer des Leckstoßtrupps, schwer verwundet worden war. »Ich kann meine Gefechtsstation nicht verlassen«, erwiderte der Doktor kurz und fuhr in seiner Arbeit fort. Aber Huntemer bot an, den verwundeten Offizier zu holen. »Nun, ich befehle dir nicht, zu gehen«, meinte Cashman zu seinem Freund, aber Huntemer bestand darauf. Gerade als Huntemer die Messe verließ, gab es eine ohrenbetäubende Explosion, und Cashman fand sich flach auf dem Boden liegend wieder. Alle Lichter waren verlöscht, und der Raum war mit dem scharfen Geruch von Sprengstoff erfüllt. Instinktiv griff er nach dem Mann mit der Nackenwunde, um ihn weiter zu behandeln, aber er konnte ihn nicht finden. Später reimte er sich zusammen, daß der Körper des Patienten zusammen mit der massiven Eichenplatte jenes Schutzschild gebildet hatten, das ihm das Leben gerettet hatte. Er sah Gene Huntemer nie wieder.

Der Elektrikermaat William Johnson war in der Zwischenzeit Kapitänleutnant Parker und Commander Stokes begegnet, die gerade die Brücke verließen. Stokes sah, daß Johnson eine Gefechtslaterne trug und befahl ihm, ein Erkennungssignal zu dem Schiff zu morsen, das sich etwa 500 m entfernt an Steuerbord befand. Die Antwort kam in der Form eines Granathagels, der in den sterbenden Zerstörer fuhr. Die *Cushing* schien erledigt zu sein, und Kapitänleutnant Parker befahl, das Schiff zu verlassen. Er schickte den Commander mit einem der Rettungsflöße los, blieb aber selbst an Bord, um die Evakuierung zu überwachen.

Inzwischen hatte die Schlacht die *Akatsuki* weit hinter sich gelassen, die allein auf dem dunklen Wasser ohne Antrieb, Steuer, Funkverbindung oder Bordkommuni-

Der Bordarzt der Cushing, *Oberleutnant James Cashman, entging knapp dem Tod, als eine Granate in der Messe explodierte, wo er Verwundete versorgte.*

kationssystem trieb. Auf ihrer Brücke stand Oberleutnant Michiharu Shinya mit dem Kommandanten und dem Navigator. Niemand sprach. Es blieb nichts zu tun, als auf das Ende zu warten. Flammen hüllten den Aufbau hinter der Brücke ein. Der Zerstörer sackte schnell ab. Die Schlagseite nach Backbord wurde so stark, daß sie sich an den Fensterrahmen im vorderen Brückenschott festhalten mußten, um stehenbleiben zu können. Schließlich, als das Wasser schon gerade unter die Sülls klatschte, stiegen sie aus den Fenstern und sprangen in das lauwarme Wasser.

Shinya befand sich nur ein paar Meter vom Schiff entfernt, als sich die *Akatsuki* auf ihre Backbordseite rollte, ihren Bug hoch in die Luft streckte und dann sanft unter die Oberfläche glitt. Zuerst schien der erwartete Sog auszubleiben. Doch dann wurde er plötzlich in einen »völlig schwarzen Abgrund« gezogen. Es schien keinen Zweck zu haben, sich dagegen zu wehren, aber dann brachte ihn ein Schluck Seewasser zur Besinnung. Jetzt kämpfte er verzweifelt darum, an die Oberfläche zu kommen, und als er an die Luft kam, kochte das Wasser noch immer vom Sog des Schiffes, und er schluckte ebenso viel Wasser wie Luft. Um ihn herum begannen andere Überlebende einander zu rufen. Alle versuchten etwas Schwimmendes zu finden, an das sie sich klammern konnten.

Trotz allem, was er durchgemacht hatte, konnte Shinya doch die eigenartige Schönheit des Augenblicks genießen: »Die Leuchtkugeln, die eine nach der anderen von den Amerikanern in die Höhe geschossen wurden, glühten so schön am dunklen Himmel. Es war ein internationales Feuerwerk. Von Zeit zu Zeit pfiffen Granaten in der Nähe vorbei, die hinter sich eine unirdisch jaulende Geräuschschleppe herzogen.«

Ein paar Minuten nach 02.00 Uhr, die Schlacht währte erst 15 Minuten, hatten beide Seiten erheblich Blut verloren, die Amerikaner brauchten eine Transfusion. Die *Atlanta* war verkrüppelt und brannte. Das Flagg-

schiff *San Francisco* hatte den Funkkontakt mit dem Rest der Einsatzgruppe verloren und zog sich zurück. Die Admirale Scott und Callaghan waren gefallen. Von den Zerstörern der Vorhut war nur die *O'Bannon* schweren Beschädigungen entgangen. Die *Cushing* war außer Gefecht gesetzt und nahm Wasser, die *Laffey* brannte und würde in Kürze sinken, die *Sterret* hatte kein Ruder im Schiff und würde sich bald zurückziehen. Von den anderen drei Kreuzern hatte die *Portland* einen Torpedotreffer am Heck bekommen. Der hatte ihren Steuerbordpropeller abgeschoren, ihre Rumpfplatten in diesem Bereich in ein starres, nach Steuerbord überliegendes Ruder umgeformt, und das zwang sie in eine unabänderliche Kreisbewegung. Das Schwesterschiff der *Atlanta*, die *Juneau*, war mittschiffs von einem Torpedo getroffen

worden, der ihr wahrscheinlich den Kiel gebrochen hatte. Sie war dabei, von der Szene zu humpeln. Nur die *Helena*, geleitet vom überlegenen Radar, das sie in die Lage versetzt hatte, den Feind als erste zu orten, schien mehr Schläge ausgeteilt zu haben, als sie während der furiosen Anfangsphase einstecken mußte. Das Gefecht war danach schnell zu etwas degeneriert, was einer der amerikanischen Kommandanten wie folgt umschrieb: »Es war wie bei einer Kaschemmenschlägerei, nachdem man die Lichter ausgeschossen hat.« Die vier Zerstörer der amerikanischen Nachhut hatten auch schwer gelitten. Die *Barton* war gesunken, und die *Monssen* war ein brennendes Wrack.

Die Japaner hatten bisher weniger Verluste als die Amerikaner. Obwohl Flammen aus dem Aufbau von

Nach der Beschädigung der Akatsuki *ging das brennende Schiff langsam unter.*

Admiral Abes Flaggschiff *Hiei* schlugen, hatte es keine tödlichen Beschädigungen erlitten. Wahrscheinlich waren die amerikanischen Granaten nicht stark genug, um den schweren Schutzpanzer zu durchschlagen. Der schwerste Treffer verklemmte das Ruder der *Hiei* und ließ den achteren Rudermaschinenraum absaufen. Zwei Zerstörer waren ausgefallen – die *Akatsuki* war gesunken, die *Yudachi* war verkrüppelt und brannte. Aber das zweite japanische Schlachtschiff, die *Kirishima*, hatte kaum einen Kratzer abbekommen, und auch der leichte Kreuzer *Nagara*, der mitten im Getümmel gesteckt hatte, war fast ebenso unversehrt entkommen.

Der Kampf hielt noch etwa 20 Minuten an, aber das Ergebnis hatte sich kaum noch verändert, als um 02.26 Uhr Captain Gilbert Hoover von der *Helena*, der dienstälteste Offizier, der noch in Funkkontakt mit anderen amerikanischen Schiffen stand, den allgemeinen Rückzug nach Osten befahl. Zusammen mit der *Atlanta*, der *Cushing* und der *Monssen* war der Zerstörer *Aaron Ward* nicht in der Lage, dem Ruf zu folgen. Er hatte neun Volltreffer erhalten, der Maschinenraum war vollgelaufen, und er trieb langsam auf die Küste zu. Inzwischen liefen die meisten japanischen Kombattanten an beiden Seiten Savos nach Westen ab. Die beiden sich zurückziehenden Flotten ließen viele Seeleute auf zu Wracks geschossenen oder sinkenden Schiffen hinter sich – oder sie mußten schon in dem mit Wrackteilen übersäten Wasser treiben. Für sie hatte eine sehr lange Nacht erst begonnen.

Elektrikermaat William Johnson paddelte ein Rettungsfloß mit zwei Verwundeten fort vom Heck der *Cushing,* als er Rufe von der Backbordseite des Schiffes hörte. Seine beiden Passagiere waren keine große Hilfe – einer hatte ein Loch im Rücken, genau neben dem Rückgrat –, aber er paddelte in Richtung der Rufe zurück. Er fand fünf Männer zusammengedrängt gleich hinter dem achteren Torpedosatz vor. Darunter war auch Leutnant Donald Henning, der in der Messe Oberleutnant Cashman geholfen hatte, als die Lichter verlöscht waren. Henning hatte nur leichte Verwundungen davongetragen, als die Granate eingeschlagen war, aber die Männer bei ihm waren in einem weitaus schlechteren Zustand. Einem fehlte ein Fuß, ein anderer hatte sein halbes Gesicht verloren. Johnson half ihnen das Kletternetz hinunter, das jemand mitdenkend über die Seite gehängt hatte. Als Leutnant Henning in das Floß kletterte, sagte er zu Johnson: »Der Kommandant ist noch an Bord.« Ohne an die Risiken zu denken, kletterte Johnson das Netz hinauf und machte sich auf, den Kommandanten zu suchen.

Er traf bald auf Kapitänleutnant Parker, der unterwegs nach achtern war, um die Wasserbomben zu kontrollieren. Anscheinend befürchtete Parker, daß diese nach dem Sinken das Schiffes explodieren und die im Wasser treibenden Männer töten könnten. Erst als er sich überzeugt hatte, daß diese Gefahr nicht bestand, trennten sich die beiden, um nach Überlebenden zu suchen.

Johnsons Suche nach Überlebenden führte ihn zur Maschinenwerkstatt, die an der Backbordseite des achteren Aufbaus lag. Als er den dunklen Raum betrat, fand er zwei Männer, die dort so ruhig saßen, so als ob sie nichts von der Schlacht bemerkt hätten. Oberleutnant David Nickerson, der Leitende Ingenieur des Schiffes, saß auf einem Putzlappenkübel, seinen Oberkörper gegen das vordere Schott gelehnt. In der hinteren Ecke kauerte Maschinenmaat Robert McClung auf einem Stuhl. Beide antworteten nicht, als Johnson sie ansprach. Im Licht der Gefechtslaterne zeigte sich, daß Splitter beiden Männern die Bäuche aufgerissen hatten. Sie waren tot.

Als sich Johnson und der Kommandant schließlich wieder trafen, berichtete er, daß der Hilfsdiesel betriebsbereit wäre und fragte, ob er versuchen sollte, ein paar Pumpen zum Laufen zu bringen, um das Feuer bekämpfen zu können.

»Machen Sie sich keine Mühe«, erwiderte der Kommandant, »das Schiff ist erledigt.« In der Tat hüllten die Flammen jetzt den größten Teil des vorderen Aufbaus ein und breiteten sich nach achtern aus. Endlich entschied Parker: »Ich schätze, wir sollten hier besser schlagartig verschwinden.« Johnson trug eine aufblasbare Schwimmweste, die ihm ein Pilot geschenkt hatte, den sie mit der *Cushing* während der Schlacht bei den Santa-Cruz-Inseln im späten Oktober aus dem Bach gefischt hatten. Der Kommandant trug nur eine kleine Schwimmweste. Als zusätzlichen Auftriebskörper band jeder zwei leere 12,7-cm-Kartuschen mit einem Tampen zusammen und warf sie ins Wasser. Mit den unter die Arme geklemmten Pulverbüchsen paddelten der Kommandant und der Elektrikermaat vom Wrack des Zerstörers fort.

D er Kampf der *Yudachi* war wild verlaufen. Kurz vor der Feuereröffnung war sie knapp vor dem Bug der *Cushing* vorbeigelaufen. Dann drehte sie hart nach Backbord, um die amerikanische Linie anzugreifen – David gegen Goliath –, und feuerte ihre Torpedos ab, von denen einige die *Portland* und die *Juneau* getroffen haben könnten. Im Chaos der durcheinander laufenden Schiffe und blendenden Explosionen schoß sie hin und her und lieferte sich Feuergefechte mit mehreren Schiffen, bis sie selbst getroffen wurde – möglicherweise durch eigene Geschosse – und ihre Maschine ausfiel. Jetzt, wo das Gefecht vorbei war, trieb sie hilflos. Ihre Crew bekämpfte das Feuer, das weite Teile des Vorschiffs ergriffen hatte. Die Männer wußten, daß sie nach Tagesanbruch eine leichte Beute der Amerikaner werden würden, wenn es ihnen nicht gelang, die Maschine zum Laufen zu bringen. In dieser verzweifelten Situation befahl der Erste Offizier den Männern Hängematten von unten zu holen,

um daraus eine Hilfsbesegelung herzustellen. Aber der Versuch, an die Küste Guadalcanals zu segeln, war hoffnungslos.

Gegen 03.00 Uhr kamen die Zerstörer *Asagumo* und *Murasame* bei der *Yudachi* längsseits, und man schätzte die Lage ab. Konteradmiral Tamotsu Takama an Bord der *Asagumo* befahl, daß die *Yudachi* aufgegeben werden sollte. Dann lief er ab und ließ zwei Motorboote zurück, mit denen die Überlebenden zum Kap Esperance gebracht werden sollten. Aber Kapitän Kiyoshi Kikkawa und seine Crew sträubten sich, in die Boote zu gehen, be-

(Rechts) Die Yudachi *in der Schlacht, gemalt von einem Crewmitglied. Sie war antriebslos und brannte, aber ihr tapferer Kommandant Kiyoshi Kikkawa (unten) wollte das Schiff nicht aufgeben.*

vor jede Möglichkeit ausgeschöpft war, das Schiff zu retten. So waren die beiden Motorboote noch nicht bemannt, als kurz vor 04.00 Uhr das Schwesterschiff der *Yudachi*, die *Samidare*, längsseits kam. Kikkawa wollte abgeschleppt werden, aber der Kommandant der *Samidare* lehnte das klugerweise ab – bei Tageslicht wären die beiden Schiffe eine leichte Beute der »Cactus Air Force« geworden. Statt dessen nahm er 207 Mann an Bord, dann versuchte er vergeblich, den manövrierunfähigen Zerstörer zu versenken. Schließlich überließ er die *Yudachi* ihrem Schicksal.

Margaret Mitchell, die Autorin des Buches »Vom Winde verweht«, wäre erschüttert gewesen, hätte sie jetzt das Schiff sehen können, das sie vor einem Jahr getauft hatte. Ironie der Geschichte! Die *Atlanta* brannte, viele ihrer Besatzungsmitglieder lagen tot oder sterbend an Deck.

Oberleutnant Stewart Moredock hatte sein Zeitgefühl verloren, als er oben auf dem Leichenberg lag, der seinen Fall abgebremst hatte. Arme und Beine schmerzten jetzt erheblich, es erschien ihm unmöglich, sich zu bewegen. Um ihn herum war die Nacht mit dem Schreien und

Stöhnen der anderen Verwundeten erfüllt. Schließlich hörte er Stimmen und rief: »Kommt her!« Jemand verabreichte ihm eine Morphiumspritze und befestigte die leere Ampulle an seinem Kragen, damit man sah, daß er schon eine Injektion bekommen hatte. Anschließend hob man ihn vorsichtig auf eine Tragbahre. Die Schmerzen nahmen ab, und sein Bewußtsein driftete zwischen Wachen und Schlafen hin und her.

In der Zwischenzeit hatten sich viele der überlebenden Offiziere in der Kommandozentrale Zwei versammelt. Captain Jenkins akzeptierte dort nur eine Erste-Hilfe-Behandlung für seinen verwundeten Fuß, dann übernahm er die Verantwortung im Kampf um die Versorgung der Verwundeten und um die Rettung des Schiffes, das von seiner Besatzung liebevoll »Mighty A« genannt wurde. Da war nichts Mächtiges mehr an diesem Schiff, die Kanonen schwiegen, und Flammen rasten durch den größten Teil der Aufbauten. Der Erste Artillerieoffizier, Kapitänleutnant William Nickelson, übernahm die Koordination der Feuerstoßtruppe. Er organisierte schnell Eimerketten, da die Pumpen ausgefallen waren. Die Sanitätsoffiziere richteten ihren Hauptverbandsplatz auf dem achtern Wohndeck ein, währenddessen durchstreiften Suchmannschaften das Schiff und sammelten die Verwundeten ein.

Der Elektrikermaat William McKinney stellte fest, daß die Feuerbekämpfung nicht allzu gut voranging. Es bestand die akute Gefahr, daß das vordere Magazin explodieren würde. So kam er zu Kapitänleutnant Nickelson mit einer recht pfiffigen Idee: Warum sollte man nicht den Raum über dem Magazin fluten – der zufällig sowohl sein Wohnraum als auch seine Gefechtsstation war –, um zu verhindern, daß die Flammen nach unten durchschlugen. Nickelson war sich nicht sicher, ob die Idee wirklich so gut war, hätte Seegang geherrscht, wäre die Atlanta unkontrollierbar ins Rollen geraten, aber er verwies McKinney an den Ersten Offizier Commander Campbell Emory. McKinney fand Emory in dessen Kabine, wo er im Licht einer Gefechtslaterne einen Bericht abfaßte. Emery war immer ein Bürohengst gewesen. Der Erste gab ihm grünes Licht, warnte aber: »Aber versenken Sie mir nicht das Schiff.«

Das Fluten wirkte wie geplant. Dann watete McKinney rüber zu seinem Schrank, zog die weißen Socken aus, die er trug und ersetzte sie durch schwarze. Das erschien ihm eine angemessene Vorsichtsmaßnahme zu sein. Er hatte gehört, daß dunkle Farben Haie nicht anlockten.

Die Morgensonne warf lange Lichtbalken auf die unterschiedlichen Schiffe, die sich noch im Gebiet des Eisensunds befanden. Im Nordwesten von Lunga Point drehte die Portland hilflos langsam ihre Kreise. Der brennende Rumpf der Atlanta trieb weiter unter Land. In der Ferne vor Savo sandte die verlassene Yudachi schwarze Rauchsäulen in den wolkenlosen Himmel. Im Osten davon stiegen von den verkohlten Hulken der Zerstörer Cushing und Monssen weitere Rauchschwaden in die sich erwärmende Luft. Weiter im Norden lag bewegungslos, aber anscheinend unbeschädigt die Aaron Ward. Hinter Savo »humpelte« die Hiei, begleitet von fünf Zerstörern, mit qualvoll langsamen fünf Knoten davon. Ihre Besatzung versuchte verzweifelt, den Rudermaschinenraum zu lenzen, das Ruder zu reparieren, um dann die Geschwindigkeit zu erhöhen. Die Seeleute auf allen betroffenen Schiffen suchten mit sorgenvollen Augen den Himmel nach feindlichen Flugzeugen ab.

Als die Sonne höher stieg, wurde die schläfrige Szene von drei Salven der Hiei unterbrochen, die die Aaron Ward eingabelten, sie aber nicht trafen. Die Kanoniere der Hiei stellten sofort das Feuer ein, als amerikanische Flugzeuge über ihnen erschienen. Dann bedachte die Portland die Yudachi mit einer Reihe von Salven, von denen die sechste anscheinend das Pulvermagazin traf und sie auf den Grund schickte. Den Rest des Vormittags und bis in den Nachmittag hinein flog die »Cactus Air Force« verstärkt von Flugzeugen der Enterprise rollende Einsätze gegen die Hiei. Es wurde kein tödlicher Treffer erzielt, aber einige Bomben und Torpedos trafen, das Schiff begann Wasser zu machen.

Admiral Abe, der schon vorher seine Flagge auf den Zerstörer Yukikaze transferiert hatte, schien geradezu begierig zu sein, sein verwundetes Schlachtschiff aufzugeben. Am Vormittag empfahl er, es vor Guadalcanal auf Strand zu setzen, aber entweder ignorierte Captain Masao Nishida den Befehl oder er verweigerte seine Durchführung. Gegen Mittag, während einer Pause zwischen den Luftangriffen, befahl Abe das Verlassen des Schiffes, aber Captain Nishida redete ihm das aus. Schließlich aber, im Laufe des Nachmittags bekam die Hiei Schlagseite, befahl er ihre Selbstversenkung durch Öffnen der Seeventile. Aber als der Kommandant der Hiei widerstrebend den Befehl dazu gab, protestierte die Besatzung. Wie es schien, war niemand bereit, das Schiff zu verlassen, von dessen Decks aus Kaiser Hirohito die Parade der Kaiserlichen Japanischen Marine abgenommen hatte. Jedenfalls drängte sich die Mannschaft auf dem

Vorschiff zusammen, die Kriegsflagge wurde unter Banzai-Rufen eingeholt, und das Bild des Kaisers auf den wartenden Zerstörer gebracht. Erst dann zerstreuten sich die Seeleute. Aber der Befehlshaber der Vereinigten Flotte, Admiral Yamamoto, befahl, sie nicht selbst zu versenken, sondern als Köder zu benutzen, um Luftangriffe von Konteradmiral Raizo Tanakas heranlaufendem Konvoi abzuziehen. So überließen die begleitenden Schiffe die *Hiei* ihrem Schicksal. Sie begann bereits über das Heck zu sinken. In der Nacht, ohne daß es jemand der Besatzung beobachtete, glitt sie unter Wasser.

Am Morgen trieben die überlebenden der Schiffe *Akatsuki*, *Cushing*, *Laffey*, *Barton* und *Monssen* auf der ruhigen Oberfläche des Eisensundes. Viele waren vom Öl verklebt oder drängten sich auf Rettungsflößen zusammen. Drei der letzten Männer, die die *Monssen* verlassen hatten, waren in eine sichere Entfernung vom Schiff geschwommen, dann verbrachten sie die Nacht, indem sie sich im warmen öligen Wasser gegenseitig aufmunterten. Die drei waren Bootsmannsmaat Clyde Storey, Stückmeistermaat Leo Spurgeon und Feuerwehrmann Joe Hughes. Bald nach Sonnenaufgang rauschten zwei Schnellboote lautstark vorbei. Die Hilferufe der Männer schien man nicht zu hören. Plötzlich tauchte eine große Rückenflosse auf und begann sie langsam zu umkreisen. Da erschien ihnen ihr verlassenes Schiff wesentlich einladender als das warme Salzwasser, und sie schwammen wild darauf zu. Als sie näher kamen, sahen sie an Deck eine winkende Gestalt. Es war der Messestewart der *Monssen*.

Wieder an Bord, stellten sie bald fest, daß der Messestewart bei weitem nicht der einzige war, der lebend zurückgeblieben war. In Storeys Geschützturm Nummer drei fanden sie einen Mann, dessen Rücken weggerissen worden war. Er schrie nach Wasser. Sie gaben es ihm, aber wenige Minuten später starb er. Andere waren in ei-

Bewußtlos lag Bert Doughty unter einem Leichenberg auf dem Wrack der Monssen. *Drei Kameraden retteten ihn, als sie ihn sich bewegen sahen.*

ner besseren Verfassung. Sie verabreichten Morphium und brachten alle auf das Achterdeck. Dazu benutzten sie Matratzen aus den Kojen, die sie zu Tragbahren umfunktionierten. In der Nähe eines Rettungsfloßes fanden sie einen Leichenhaufen vor, in dem sich einer der Körper bewegte. Sie zogen die Leichen weg, bis sie den noch atmenden Mann freigelegt hatten. Die Kopf- und Gesichtsverletzungen des Mannes waren so schwer, daß sie ihn nicht erkannten. Aber seine Erkennungsmarke machte klar, daß es sich um ihren Freund, den Matrosen Bert Doughty, handelte.

Einschließlich Doughty hatten sie acht Überlebende auf das Achterdeck der *Monssen* getragen, die meisten in einem schlimmen Zustand. Das Schiff hatte schwere Schlagseite nach Backbord. An der eintauchenden Seite hatte es nur noch 30 bis 60 cm Freibord. Gelegentlich flog ein Seeflugzeug, wahrscheinlich von einem Kreuzer, über ihre Köpfe hinweg, aber wie sollten sie die Aufmerksamkeit des Piloten erwecken? Storey ging nach unten und griff sich ein Bettlaken; als das nächste Flugzeug sie überflog, winkte er damit. Es wirkte, das Flugzeug wasserte, und der Pilot versprach, ihnen umgehend ein Boot zu schicken.

Das kleine Landungsboot, das schließlich erschien, hielt einen Sicherheitsabstand von dem Schiff, das aussah, als ob es jeden Augenblick kentern würde. Endlich gelang es den Männern, den Bootsführer zu bedrängen, längsseits zu kommen. Hughes behauptet, daß Storey drohend einen 45er geschwungen und angekündigt hätte, zu schießen. Doughty, der keine Erinnerung an seine Rettung hat, wachte in einem Sanitätsflugzeug auf dem Weg zur amerikanischen Basis auf. Er war völlig desorientiert, und so waren die ersten Worte, an die er sich erinnern kann: »Wo ist mein Schiff?«

Es war früher Morgen, bevor James Cashman, einer der Überlebenden der *Cushing*, schließlich ein Rettungsfloß erreichte. Anstatt sich auszuruhen, machte sich der Schiffsarzt unverzüglich an die Arbeit, die Verwundeten

Nach einer Nacht im Wasser des Eisensunds beschlossen Clyde Storey, Leo Spurgeon und Joe Hughes, auf die qualmende Monssen *zurückzukehren, da sie die Rückenflosse eines Hais in ihrer Nähe entdeckten.*

zu versorgen. Er verband einem Seemann das Auge, das durch einen Splitter geblendet worden war. Ein Mann hatte einen losen Haut- und Fleischlappen auf dem Rücken, der seinen Brustkasten sehen ließ. Da er keine Nadel und chirurgische Fäden zur Verfügung hatte, ver-

schloß Cashman die Wunde mit Sicherheitsnadeln. Irgendwann nach Mittag kam ein Higginsboot von Guadalcanal und nahm sie alle an Bord.

Gegen 09.30 Uhr ging der Minenräumer *Bobolink* bei der *Atlanta* längsseits und bot ihr an, sie in Schlepp zu nehmen. Nachdem die Trosse befestigt war, wurde Henry Durham in den Rudermaschinenraum als letztes Glied der menschlichen Kommandokette abgestellt. Vom Kontrollzentrum Zwei bestand keine direkte

Steuermöglichkeit mehr, aber es war genug Energie vorhanden, um die Motoren der Rudermaschine zu bewegen. Mit seiner Aufgabe beschäftigt, hörte Durham Rufe, die besagten, daß ein feindliches Flugzeug über ihnen war. »Das sieht mir bei meinem Glück ähnlich«, dachte er bei sich, »gerade jetzt der Mann ganz unten im Schiff zu sein.« Es stellte sich heraus, daß das Flugzeug nur ein Aufklärer war, und es ereigneten sich keine weiteren Zwischenfälle. Am frühen Nachmittag ankerte das Schiff vor Kukum an der westlichen Küste von Lunga Point.

Einer der ersten Verwundeten, der an Land übergesetzt wurde, war Stewart Moredock. Als ihn starke Arme in das wartende Higginsboot hoben, drehte sich Moredock zu dem Mann auf der benachbarten Trage um. Der Körper des Mannes war schwer verstümmelt, aber er konnte seinen Kopf heben und Moredock zulächeln – ein friedliches, unschuldiges Lächeln, das Moredock niemals vergessen würde. Ein paar Minuten später war der Mann tot.

Inzwischen ging die grausige Arbeit, die Verwundeten zusammenzutragen und zu versorgen, unter den wachsamen Blicken von Captain Jenkins weiter, der an einem Stock herumlief, um den Druck von seinem verwundeten Fuß zu nehmen. Im gleichen Maße wie die Sonne heißer wurde, nahm auch der Gestank der Toten zu. Im achteren Verbandsplatz, in der Mannschaftsmesse, wurden die Männer, die während oder nach der Operation starben, einfach auf den Boden gestapelt. Überall im Schiff lagen Leichen in den grausigsten Verrenkungen herum. Aber das Gemetzel war alltäglich geworden. Ein junger Seemann kaute gleichmütig an einem Apfel in seiner freien Hand, während er mit der anderen einen amputierten Arm zur Reling trug, um ihn über Bord zu werfen.

Henry Durhams schlimmste Erfahrung während oder nach der Schlacht kam, als ihm ein Offizier befahl, zur Brücke zu gehen und die Seekarte sicherzustellen. Sie würde von einer enormen Bedeutung sein, wenn die Bewegungen des Schiffes während der Schlacht für den Gefechtsbericht nachvollzogen wurden. Im Kartenraum fand er keine Seekarte, auch konnte er keinen Hinweis auf seine beiden Klassenkameraden von der Quartermasterschule entdecken, die hier Dienst getan hatten, als die Schlacht begann. Durham lief so schnell hinaus wie er nur konnte.

Mehr als alles andere wollte Oberleutnant Michiharu Shinya vermeiden, in Gefangenschaft zu geraten, das war das schlimmste Schicksal, was sich der Torpedooffizier der gesunkenen *Akatsuki* vorstellen konnte. Als japanischem Marineoffizier war ihm eingetrichtert worden, daß Gefangenschaft schlimmer als Tod war. Obwohl er mit aller Kraft versuchte, an Land zu schwimmen, kam er gegen den Strom nicht an. Als ihn ein amerikanisches Landungsboot so nahe passierte, daß er in seinem Kielwasser herumgeschleudert wurde, blieb ihm fast das Herz stehen, aber das Boot fuhr weiter. Die Sonne brannte auf seinem Kopf, was seinen Zustand verschlechterte und ihn den Durst spüren ließ. Er war mit Öl überdeckt, und das Salzwasser brannte ihm in den Augen. Auf der rechten Hand klaffte eine offene Wunde, außerdem litt er unter Durchfall, wahrscheinlich durch das viele Seewasser hervorgerufen, das er geschluckt hatte. Bald mußte er seine ganze Energie aufwenden, um überhaupt an der Oberfläche zu bleiben.

Die Zeit verging. Ein feindliches Seeflugzeug brummte über ihn hinweg. Was tat es? Die schreckliche Antwort zeigte sich, als er hörte, wie neben ihm ein Bootsmotor in den Rückwärtsgang geworfen wurde. Er blickte nach oben in die Gesichter zweier amerikanischer Seeleute, die über die Seite ihres kleinen Landungsbootes langten. Er kratzte zwei Worte seiner geringen Englischkenntnisse zusammen: »Nein, danke!« stieß er verächtlich hervor. Aber es fehlte ihm an Kraft, um sich gegen die starken Arme wehren zu können, die ihn aus dem Wasser zogen. Im Boot kauerten auch andere japanische Überlebende. Shinya sank in sich zusammen, es erschien ihm unmöglich, seine Körperhaltung zu verändern. Das Schlimmste war geschehen.

Am späten Nachmittag kam Captain Jenkins zu dem Schluß, daß weitere Versuche, die *Atlanta* zu retten, nutzlos waren. Die Masse der Verwundeten war an Land gebracht worden, die Feuer waren größtenteils gelöscht, die Türme Nummer Sieben und Acht funktionierten, aber Wasser strömte weiter durch das Leck, das der Torpedo gerissen hatte. Die Schlagseite nach Backbord nahm langsam zu, und die Antriebsmaschinen waren nicht zu reparieren. Nachdem er Admiral Halseys Erlaubnis bekommen hatte, die endgültige Entscheidung zu treffen, befahl er allen Männern, bis auf eine kleine Versenkungsmannschaft, das Schiff zu verlassen. Captain Jenkins wies das Sprengkommando an, die Seeventile zu sprengen und die wasserdichten Schotte zu öff-

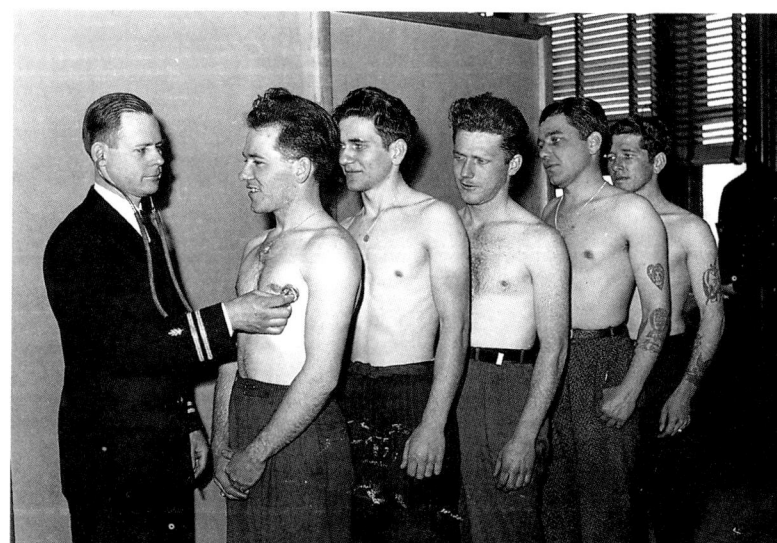

nen. Nur sechs Männer standen vorn am Steven, als Kapitänleutnant John Wulff, Zweiter Ingenieur, den Hebel der Sprengmaschine herunterdrückte. Das Deck erzitterte leicht, von hinten war eine unterdrückte Explosion zu hören, dann kletterten die Männer über die Netze in die wartende Barkasse. Captain Jenkins war der letzte. Er bestand darauf, daß das Boot dicht beim Schiff blieb, bis es untergegangen war. – Das geschah gegen 20.00 Uhr.

So endete der erste und weitaus blutigere Teil dessen, was man später als die Seeschlacht von Guadalcanal bezeichnen würde. Die erste Runde war klar an die Japaner gegangen – zumindest, was die Zahl der versenkten und beschädigten Schiffe sowie der toten und verwundeten Seeleute angeht. Aber Admiral Abes Einsatzgruppe hat-

te ihre Hauptaufgabe, das Flugfeld außer Gefecht zu setzen, nicht erreicht. Und der große Verstärkungskonvoi unter dem Kommando von Admiral Tanaka mußte zu seiner Basis auf den Shortland-Inseln zurückkehren. Aber die Japaner gaben ihren Plan nicht auf. Die entscheidende Auseinandersetzung zur See im gesamten Feldzug um Guadalcanal war noch lange nicht vorüber.

Als die Juneau *(unten) durch einen Torpedo am 13. November versenkt wurde, waren fünf Brüder unter ihrer Besatzung. Die seit ihrer Musterung (ganz links) bekannten fünf Sullivans (links, von links nach rechts) Joseph, Francis, Albert, Madison und George dienten trotz offi-* *zieller Bedenken auf demselben Schiff. Vier gingen mit der* Juneau *unter, der fünfte starb im Rettungsfloß. Die Sullivanstory der Nationalhelden wurde in Hollywood verfilmt: »The Fighting Sullivans«. Ein Zerstörer wurde nach ihnen benannt.*

the five Sullivan brothers "missing in action" off the Solomons

THEY DID THEIR PART

FRIEDHOF DER ZERSTÖRER

DIE ZERSTÖRER, DIE WÄHREND DER ERSTEN
NACHT DER SEESCHLACHT VOR GUADALCANAL
VERLORENGINGEN, LIEGEN WIE GEFALLENE INFAN-
TERISTEN IN DER STILLE DES ÜBERFLUTETEN
SCHLACHTFELDS.

Im engen Kontrollraum der Sea Cliff.

Im Verlauf unserer Expedition 1992 fanden wir vier
der sechs Zerstörer, die während – oder kurz nach
– der ersten Phase der Seeschlacht bei Guadalcanal
gesunken waren. (Einen fünften, die *Cushing*, hatten wir schon im Vorjahr lokalisiert.) Diese vier
Wracks – ein japanisches und drei amerikanische –
liefern ein quälendes Bild vom brutalen Wahnsinn
der Schlacht. Die kleinen ungepanzerten Schiffe
waren keine Gegner für die Batterien der Kreuzer
und Schlachtschiffe, die ihnen gegenüberstanden.
Sie verließen sich auf ihre Geschwindigkeit, Ma-
növrierfähigkeit und die Wirkung ihrer Torpedos.
Aber der amerikanische Mark XV-Torpedo war
dem japanischen Long-Lance-Torpedo weit unter-

legen. Letzterer hatte eine höhere Sprengkraft, war schneller, verfügte über eine dreifache Reichweite und – das Wichtigste von allem – explodierte beim Aufschlag auch. Es gibt keinen Beweis dafür, daß während dieser nächtlichen Scharmützel auch nur ein amerikanischer Torpedo im Ziel detonierte, die Japaner dagegen erzielten Treffer auf der *Atlanta*, der *Portland*, der *Juneau*, der *Barton* und der *Laffey*. Die Zerstörer waren die Infanteristen der Schlacht und litten deren Besatzungen oft mehr als die Elitetruppen.

Die Wracks wurden gefilmt. Jedes hatte eine andere Todesstellung, die mich an Metthew Bradys bestürzende Fotos von Bürgerkriegstoten erinnerten. Und auch an das schreckliche Bild der gefallenen japanischen Soldaten, die auf der Sandbank vor der Mündung des Alligator Creeks lagen, einen Tag nach Colonel Ichikis vorschnellen Angriff auf überlegene amerikanische Einheiten.

Ich werde nie den ersten Blick auf die *Barton* vergessen, die von Torpedos der *Yudachi* in zwei Teile gerissen worden war. Wir fanden nur die auf der Seite liegende Bugsektion.

Die *Yudachi* war bei weitem nicht so sehr zerstört, aber eine Explosion im hinteren Magazin hatte die Heckpartie zerrissen. Der vordere Teil des Bugs war abgefallen – wahrscheinlich beim Aufprall – und lag auf dem Grund. Zwar war ihre Brücke etwas nach Backbord verbogen, aber sie war gut erkennbar. Die *Monssen* hatte viele Stunden vor dem Sinken gebrannt. Sie lag aufrecht und in einem Stück da. Allerdings war die Brücke verschwunden. Die *Laffey* hatte das hintere Drittel verloren, aber die gesamte Brücke, die Torpedorohre und die beiden vorderen 12,7-cm-Kanonen waren an ihrem Platz.

Die Bilder sind der bittere Beweis für die chaotische Nachtschlacht vom 13. November.

MONSSEN

VON NICHT WENIGER ALS 33 GRANATEN GETROFFEN, DARUNTER DREI SCHLACHTSCHIFFKALIBER, FING DIE U.S.S. *MONSSEN* FEUER UND BRANNTE DIE GANZE NACHT DES 13. NOVEMBER 1942 HINDURCH.

(Oben) In der Mitte der Monssen sind die Decksplatten um die Torpedorohre stark korrodiert. (Ganz oben) Der Geschützturm zwei vor der Brücke hat kein Dach mehr. (Rechts) Die Scorpio und die Sea Cliff untersuchen gemeinsam die Monssen.

(Unten) So sah die Monssen vor dem Krieg aus. Vor dem Guadalcanaleinsatz wurden das Geschütz hinter dem zweiten Schornstein und das kleine Deckshaus entfernt. So sieht sie noch heute in etwa aus.

1. Einer der fünfrohrigen Torpedosätze.

2. Der vordere Schornstein ist nach Backbord umgefallen.

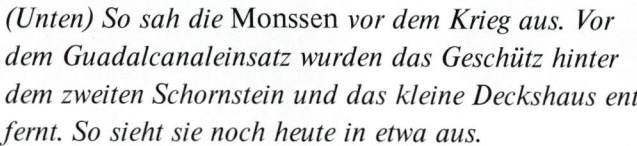

3. Blick auf Geschütz Nummer Zwei. Es ist aus der Rohrwiege gesprungen.

4. Die Kettenklüse am Bug ist trotz des Bewuchses noch leicht zu erkennen.

BARTON

AUF DEM HÖHEPUNKT DES GEFECHTS IN DER ERSTEN
NACHT DER SEESCHLACHT VOR GUADALCANAL WURDE
DER ZERSTÖRER VON TORPEDOS GETROFFEN, BRACH
AUSEINANDER UND VERSANK SCHNELL MIT DEM
GRÖSSTEN TEIL DER BESATZUNG.

(Links) Der Bug der Bar-
ton. Der vordere Teil ragt
ca. 30 m nach hinten und
endet dann gerade vor der

Brücke. (Oben) Eine der
12,7-cm-Kanonen zielt
jetzt nach unten in den
Schlamm.

LAFFEY

NACHDEM SIE DAS SCHLACHTSCHIFF *HIEI* IN DER NACHTSCHLACHT VOR GUADAL-
CANAL MIT MG-FEUER BESTRICHEN HATTE, FIELEN DREI JAPANISCHE ZERSTÖRER
ÜBER SIE HER. DURCH EINEN TORPEDO VERLOR DIE *LAFFEY* IHR HECK, EXPLODIERTE
UND VERSANK.

Obwohl die Beschädigungen der Laffey *vernichtend waren, ist der vordere Teil gut erhalten. (Ganz oben links) Die Nocken sind noch erkennbar. Man sieht die Bullaugen des Kartenraums. (Ganz oben rechts) Der Bug scheint den Schlamm des Eisensundes zu durchpflügen. (Oben links) Die Torpedorohre der* Laffey, *das Deckshaus (oben) und einer der Bootsdavits (rechts) sind auszumachen.*

YUDACHI

NACH EINER NACHT VOLLER HARTER GEFECH-
TE, AM 13. NOVEMBER 1942, LIESS MAN DIE BE-
SCHÄDIGTE *YUDACHI* HILFLOS TREIBEND ZU-
RÜCK. SCHLIESSLICH WURDE SIE DURCH JAPANI-
SCHE TORPEDOS VERSENKT, DIE IHR ACHTERES
MAGAZIN ZUM EXPLODIEREN BRACHTEN.

*Teji Nakamura (oben) überlebte die Versen-
kung der* Yudachi *(ganz oben). Er steht
neben dem vorderen Geschützstand. (Rechts)
Die* Sea Cliff *nähert sich der* Yudachi. *Der
Bug liegt auf der Seite. Vermutlich wurde er
durch den Aufprall am Grund abgeschoren.
Auf der jetzt völlig offenen Brücke sieht man
die Sprachrohre zur Befehlsübermittlung.*

(Ganz oben) Eine der Long-Lance-61-cm-Torpedobatterien der Yudachi.
(Oben) Ein Blick auf die Brücke. Die scharfe Abknickung (rechts) ist vermutlich durch Korrosion an den durchlöcherten Platten entstanden. Die ganze Brücke ist nach Steuerbord weggerutscht. Das Entmagnetisierungskabel an der Schiffsseite (Bild unten) kennzeichnet das Wrack als ein japanisches. Alliierte Schiffe hatten gewöhnlich kein externes Demagnetisierungskabel. Die Relingsstützen gleichen denen im Bild (Einsatz) von Teji Nakamura und seinem Freund Kabashima, der das Bild auf Seite 140–141 gemalt hat.

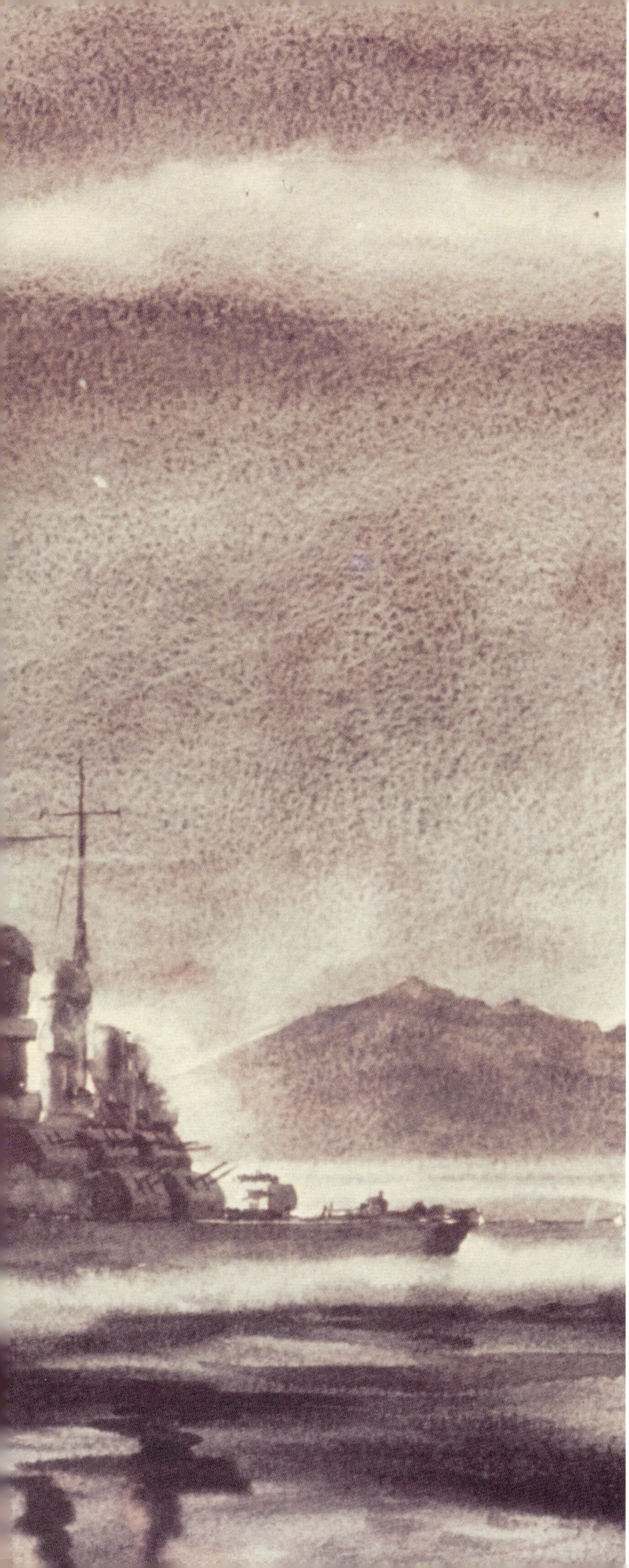

KAPITEL SECHS

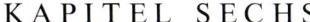

NACHT DER SCHWEREN GESCHÜTZE

14.–15. November 1942

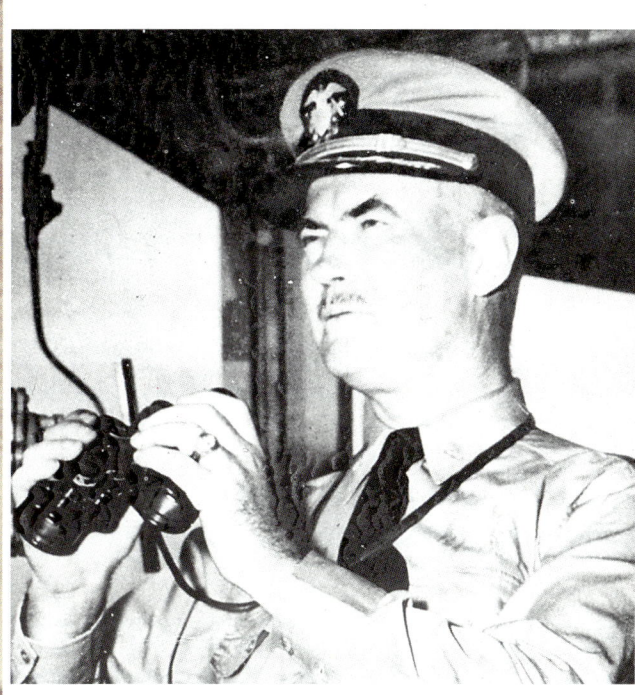

Captain Thomas L. Gatch von der U.S.S. *South Dakota* hatte nicht gut geschlafen. Die üble Wunde, die er in der Schlacht bei den Santa-Cruz-Inseln erhalten hatte, peinigte ihn noch immer.

Er war verletzt worden, als die wirkungsvollen Flak-Batterien seines Schiffes die japanischen Flugzeuge vom Himmel gemäht hatten, die versuchten, dem Flugzeugträger *Enterprise* den entscheidenden letzten Schlag zu

(Links) Die U.S.S. Washington *feuert vor Savo auf die Japaner. (Oben) Der Kommandant der* South Dakota *Thomas L. Gatch.*

versetzen. Eine Kate schaffte es, eine 227-kg-Bombe abzuwerfen, die den Turm Eins von oben traf und an seinem dicken Panzer wie ein Käfer an einer Windschutzscheibe zerplatzte. Dabei flogen Splitter in Richtung der Brücke. Einer durchtrennte Gatchs Schlagader, und nur das schnelle Eingreifen der Umstehenden verhinderte, daß er verblutete.

Während sich in den Frühstunden des 13. November im Eisensund schreckliche Ereignisse abspielten, manövrierte die *South Dakota* zusammen mit der *Washington* in einer mächtigen Eskorte für den Träger *Enterprise* etwa 400 Seemeilen südlich von Guadalcanal. Aber als Admiral Halsey vom Tod der Admirale Scott und Callaghan hörte und den hohen Preis der Schlacht erfuhr, wurde ihm klar, daß er dem nächsten japanischen Angriff kaum noch etwas entgegensetzen konnte – außer seine beiden großen Dickschiffe. Ein Teil seines Stabes sprach sich dagegen aus, diese wertvollen maritimen Aktivposten in den engen Gewässern um Guadalcanal einzusetzen. Aber für Halsey war klar, entweder er mußte die Großkampfschiffe dorthin schicken oder Henderson Field den Geschützen der japanischen Marine ausliefern. Es war ein Spiel mit hohem Einsatz, aber er war überzeugt, daß er das Risiko eingehen mußte.

Am Nachmittag des 13. November, während die *Hiei* und die *Atlanta* den Gnadenstoß bekamen, erhielt Admiral Lee Halseys Befehl, mit vier begleitenden Zerstörern direkt nach Guadalcanal zu versegeln. Es war zu spät für sein Geschwader, um die Insel in dieser Nacht erreichen zu können. So war es nicht überraschend, daß

die Japaner darauf vorbereitet waren, die Gelegenheit zu nutzen. Bei hereinbrechender Dunkelheit führte Vizeadmiral Gunichi Mikawa, der Sieger von Savo Island und Kommandeur der 8. Flotte in Rabaul, eine starke Beschießungsflotte aus schweren und leichten Kreuzern durch den »Schlitz« nach Guadalcanal. Ihre Aufgabe war es, die Arbeit zu verrichten, die Admiral Abe versäumt hatte zu erledigen: Henderson Field als Gefahr für Admiral Tanakas Truppenkonvoi auszuschalten, der nach dem neuen Fahrplan in der Nacht vom 14. zum 15. November eintreffen sollte. Mikawas Schiffe verfeuerten fast tausend 20,3-cm-Granaten, aber sie verfehlten die Hauptlandebahn und beschädigten nur wenige Flugzeuge. Trotzdem überzeugte der Flammenschein nach dem Bombardement den Admiral, daß er gute Arbeit geleistet hatte. Daher verließ Admiral Tanakas Konvoi wieder die Shortland-Inseln und begann den »Schlitz« hinunterzudampfen. Seine Landung würde von einer anderen Beschießungsgruppe gedeckt werden, die diesmal von der *Kirishima* angeführt wurde und unter dem Kommando von Vizeadmiral Nobutake Kondo stand.

Mikawa entdeckte nur zu schnell, wie uneffektiv seine Beschießung gewesen war. Bei Tagesanbruch beschädigten mehrere aufeinanderfolgende Staffeln von Flugzeugen, die sowohl von Guadalcanal als auch von der *Enterprise* gestartet waren, zuerst seine Einsatzgruppe, dann Tanakas Konvoi. Am Nachmittag hatte Tanaka sechs Transporter verloren, und ein weiterer war zusammen mit zwei Zerstörern, die 1.500 gerettete Schiffbrüchige transportierten, auf dem Rückweg zu den Shortlands.

(Oben) Vizeadmiral Willis Lee befehligte die Task Force mit der Washington, *der* South Dakota *und vier Zerstörern. (Unten) Die* South Dakota *in der Schlacht vor den Santa-Cruz-Inseln. Sie erhielt einen Treffer auf den Turm Nummer Eins, der fast Captain Gatch getötet hätte.*

Nur vier der ursprünglich 11 Transporter waren ihm verblieben, und vier seiner verbleibenden zehn Zerstörer waren mit Soldaten der zerstörten Schiffe so überfüllt, daß sie im Kampf nutzlos sein würden. Die Angriffe hatten seinen Vormarsch so verzögert, daß er den Landungsplatz erst kurz vor der Morgendämmerung des 15. November erreichen konnte, was ihn weiteren Luftangriffen aussetzen würde. Sogar der Mann, den Samuel Eliot Morison als den »hartnäckigen Tanaka« bezeichnete, bezweifelte den Sinn der Weiterfahrt. Aber als er erfuhr, daß Admiral Kondo nach Süden geeilt kam, um Henderson Field zu beschießen und ihm Hilfestellung zu geben, gehorchte er dem Befehl weiterzufahren »mit einem Gefühl der Erleichterung«.

Admiral Lee hatte Halseys Befehl, nach Guadalcanal zu fahren, freudig begrüßt. Schließlich würde das ihm und seinen beiden schlagkräftigen Schlachtschiffen die Chance geben, den Japanern Auge in Auge gegenüberzutreten und zu beweisen, was sie zu leisten vermochten. Es spielte keine Rolle, daß weder die *Washington* noch die *South Dakota* je gegen ein anderes Kriegsschiff im Gefecht gestanden hatten. Die Crews der 40,6-cm-Kanonen waren bis zur Erschöpfung gedrillt worden und waren so eingeübt, daß sie ihre riesigen 1,35-t-Projektile in weniger als 15 Sekunden laden konnten, obwohl im Handbuch stand, daß es 30 Sekunden dauerte. Es spielte keine Rolle, daß Lees vier Zerstörer nie zuvor zusammen operiert hatten und zweien von ihnen sogar das Feuerleitradar fehlte, ein schweres Handicap bei Nachtgefechten. Er und seine Männer wollten unbedingt kämpfen.

Willis Lee war neu auf dem pazifischen Kriegsschauplatz, aber er schien für die bevorstehende Aufgabe gerade der richtige Mann zu sein. Vor der *Washington* hatte er seine Flagge kurz auf der *South Dakota* gesetzt. Er war beiden Besatzungen als ein Admiral bekannt, der mit beiden Beinen fest auf dem Boden stand, der sowohl für die Offiziere als auch die Mannschaften immer ein aufmunterndes Wort bereit hatte. Er war Kettenraucher und liebte es, sich bei einem Western-Taschenbuch zu entspannen, aber vor allem genoß er es, Artillerieprobleme zu besprechen. Auf der *Washington* hatte er den Kanonenclub gegründet. Das war eine Gruppe höherer Offiziere, die sich fast täglich trafen, um ballistische Probleme zu diskutieren. Er wußte alles über die neun 40,6-cm-Kanonen und die stattliche Anzahl von 12,7-cm-Doppellafetten seines Schiffes. Vielleicht noch wichtiger war es, daß er interessiert die Möglichkeiten des Radars studierte. Seine beiden Schiffe waren nicht nur mit dem besten

Das Wichtigste an den Schlachtschiffen waren ihre Kanonen. (Oben) Mit einem transportablen Kran helfen Seeleute 40,6-cm-Granaten zu verladen (unten links), die im gepanzerten Granatenmagazin aufbewahrt werden. (Unten rechts) Ein Seemann arbeitet im Rohr eines 40,6-cm-Geschützes. (Rechts) Eine Kanone wird an Bord eines Schlachtschiffs feuerbereit gemacht.

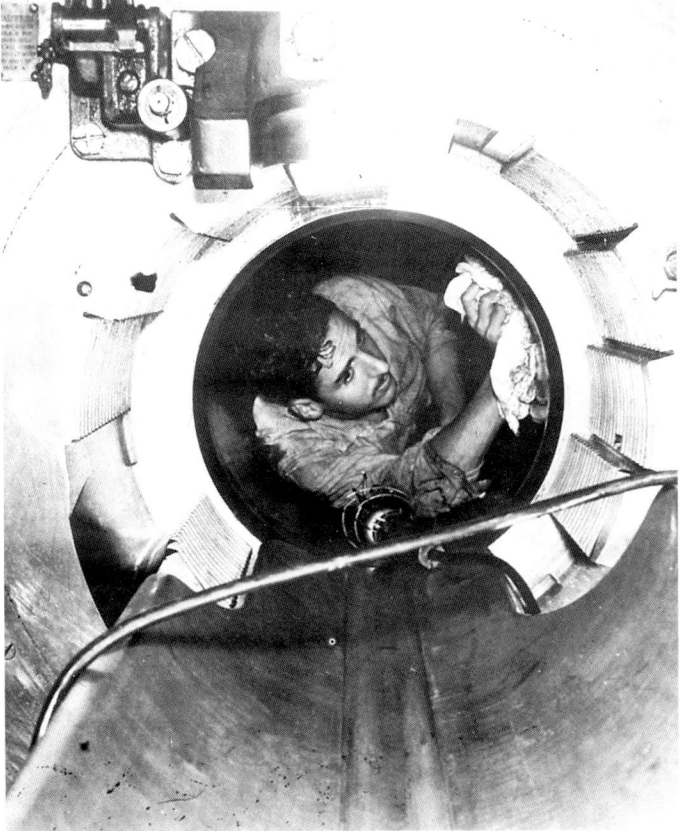

Typ ausgerüstet, er wußte diesen im Unterschied zu den gefallenen Admiralen Scott und Callaghan auch zu nutzen. Lee war klar, daß er auf eine zahlenmäßig überlegene gegnerische Streitmacht, wahrscheinlich auch mit Schlachtschiffen ausgestattet, treffen würde. Allerdings würden die aus dem Ersten Weltkrieg stammenden Schiffe der *Kongo*-Klasse keine ebenbürtigen Gegner für seine hochmodernen Geschützplattformen sein. Ihre 40,6-cm-Granaten konnten die stärkste gegnerische Panzerung sogar noch auf maximale Gefechtsentfernung durchschlagen, während die japanischen 35,6-cm-Projektile die 30,5-cm-Panzergürtel seiner Schiffe nur auf verhältnismäßig kurze Distanz penetrieren konnten. Aber kurze Entfernungen waren genau das, was ihn im Eisensund erwartete. In diesen engen Gewässern, wo Artillerieduelle auf große Distanzen unwahrscheinlich waren, bargen die schieren Abmessungen seiner Schlachtschiffe zusätzliche Risiken, besonders bei einem Gegner, der seine Meisterschaft beim Einsatz von Torpedos in Nachtgefechten schon reichlich bewiesen hatte.

Unerschrocken schmiedete Lee einen kühnen Schlachtplan. Sein Ziel war es, den Gegner zu überraschen, jeden feindlichen Schiffsverband, den er antraf, auszulöschen und den Nachschubkonvoi am Anlanden zu hindern.

Am späten Nachmittag des 14. November wußte Admiral Nobutake Kondo, daß sein Beschießungsauftrag wahrscheinlich auf einigen Widerstand stoßen würde, aber alle Luftaufklärungsberichte hatten die Stärke der Kampfgruppe erheblich unterschätzt, die auf ihn zudampfte. Das verleitete ihn zu dem Schluß, daß die größten Einheiten, die ihm gegenüberstünden, schwere Kreuzer sein würden. Kondos Geschwader, bestehend aus einem Schlachtschiff, vier Kreuzern und neun Zerstörern, würde mehr als ausreichend sein, um damit fertigzuwerden.

Aber war Kondo ein ebenbürtiger Gegner für Admiral Lee? Wie es schien, hatte er sich bisher nicht als ein besonders gerissener oder aggressiver Komman-

Vizeadmiral Nabutake Kondo sollte Henderson Field beschießen. Dies wurde durch die erste nächtliche Schlacht vor Guadalcanal verhindert.

deur ausgezeichnet. Nach Auffassung vieler seiner Zeitgenossen fehlte es ihm an Kampflust. Zudem hatte er es während der zwei großen Trägerschlachten östlich von Guadalcanal in den verflossenen Monaten versäumt, günstige Gelegenheiten auszunutzen. Commander Tameichi Hara, der den Zerstörer *Amatsutake* während der Schlacht am 13. November kommandiert hatte, gehörte nicht zu Kondos Fans. Er tat ihn als »liebenswürdigen und leutseligen« Gelehrten ab und als einen »Mann nach Art der britischen Gentlemen«, dem es an Kampfgeist fehlte. »Es wird mir immer ein Geheimnis bleiben, warum Yamamoto eine so hohe Meinung von Kondo hatte«, bemerkte er später, »sogar nach seinen halbherzigen Aktionen in zwei früheren wichtigen Schlachten.« Es schien, daß Yamamoto Admiral Abe durch einen anderen vorsichtigen Befehlshaber ersetzt hatte.

Kurz nach 16.00 Uhr hielt der beliebte Kommandant der *Washington* Glenn Davis über das Lautsprechersystem des Schiffes eine kurze Ansprache an seine Leute. »Wir laufen jetzt ins Kampfgebiet ein. Wir wissen nicht genau, auf welche Streitkräfte wir treffen werden. Wir können in einen Hinterhalt geraten. Ein Desaster in jedweder Form kann uns erwarten. Aber was auch immer geschehen wird, ich hoffe, daß ich auch alle wieder lebend zurückbringe. Viel Glück für uns alle.« Diese nicht gerade anfeuernde Rede scheint die hohe Moral auf Admiral Lees Flaggschiff nicht getrübt zu haben. Auf der *South Dakota* dagegen hielt Captain Gatch eine gepfefferte Ansprache. Gatchs kurze Rede endete mit den Worten: »Seid ihr bereit?« Die Besatzung antwortete im Chor: »Ja! Auf sie mit Gebrüll!«

Als die Dunkelheit hereinbrach, lag Kap Esperance dicht an Steuerbord voraus, und die amerikanische Task Force machte gefechtsklar. Lee folgte einem Kurs, der westlich von Guadalcanal bis zu einer Position 21 Seemeilen nordwestlich von Savo verlief. Dank der leichten östlichen Brise konnten die Seeleute, die ihren Posten im Freien hatten, den süßlichen Duft der tropischen Blumen riechen. Com-

(Oben) Bevor sie zu den Salomonen geschickt wurde, hatte die Washington *im Atlantik gedient. Hier liegt sie im Hvalfjord, Island. (Einsatz) Eine Zeichnung ihres populären Skippers Glenn Davis von Dwight Shepler.*

mander Raymond Hunter, Wachoffizier der *Washington,* beschrieb ihn später als einen »himmlischen Duft«. Andere Seeleute mußten an Gardenien und Geißblatt denken, aber für viele verband sich der übersättigte Odeur bald mit dem ekelerregenden Geruch des Todes.

Um 21.10 Uhr formierte Lee seine Schiffe in einer Linie – die vier Zerstörer bildeten die Spitze, die *Washington* und die *South Dakota* folgten – und fuhr zuerst nach Osten, dann nach Südosten. Der Kurs führte sie mit der mäßigen Geschwindigkeit von 17 Knoten nördlich an Savo vorbei in den Eisensund. Die See war ruhig, und ein fahler Halbmond schob sich in einen von einer dünnen Wolkenschicht überzogenen Himmel. Vereinzelte Gewitterschauer grummelten am Horizont, und tiefe Cumuluswolken segelten über den Sund. Die Männer auf den Gefechtsstationen der beiden Dickschiffe und der vier gegen sie winzig wirkenden Zerstörer warteten ange-

spannt und erwartungsvoll. Im Turm eins warteten der Turmkommandant, Leutnant Gerald Norton, und seine Männer auf den langersehnten Befehl, ihre erste 40,6-cm-Salve in einem richtigen Gefecht abfeuern zu dürfen. Im Offiziersbereich drängte sich ein Lecksicherungs- und Feuerstoßtrupp im Gang, der auf dem Hauptdeck quer durch den vorderen Teil des Aufbaus und nach hinten in die Offiziersmesse führte. Der Geschützmeister, Maat Charles Carpenter, lümmelte sich im Friseurstuhl, der seltsamerweise am Steuerbordende des Ganges stand, und schätzte sich glücklich, daß er so einen komfortablen Sitz ergattert hatte. Im Funkraum unter dem Panzerdeck wartete der Funkunteroffizier Kenneth Jenkins und schwitzte. Die Aufgabe seiner Crew bestand darin, den Funkverkehr auf den feindlichen Frequenzen abzuhören. Niemand verstand Japanisch, aber jeder neue kauderwelsche Ausbruch war lauter als der vorige.

(Ganz oben) Kondos Flaggschiff war der schwere Kreuzer Atago, *ein Veteran vieler Schlachten im Südpazifik. Vor dem Krieg diente er der japanischen Marine für Aktivitäten wie Sumo (oben links) oder Judokämpfe (oben rechts). (Unten) In der Nacht vom 14. zum 15. November stand der Zerstörer* Ayanami *der ganzen feindlichen Flotte alleine gegenüber.*

Der Feind kam näher. – Als sich Admiral Lees Einsatzgruppe in den Sund einfädelte, war er von Kondos Vorhut unter Konteradmiral Shintaro Hashimoto entdeckt worden. Hashimoto kam mit einem leichten Kreuzer und drei Zerstörern von Norden heran, um das Gebiet nach gegnerischen Schiffen abzusuchen. Sein Ausguck entdeckte die dunklen Schatten der feindlichen Schiffe nördlich von Savo. Aber Hashimoto verstärkte den Irrtum der früheren Aufklärungsberichte noch, indem er die großen Silhouetten als Kreuzer identifizierte – also als etwas, wovor Kondo keine Angst zu haben brauchte. Hashimoto kommandierte den Zerstörer *Ayanami* ab, der entgegen dem Uhrzeigersinn um Savo herumlief, um sicherzustellen, daß die Küste feindfrei war, dann konnte sein Chef mit der Beschießungsflotte kommen. Unterdessen würde er das Feindgeschwader beschatten.

Nach diesem Befehl war Admiral Kondos ansehnliche Streitmacht viergeteilt. Kondo hatte schon früher Admiral Susumu Kimura an Bord des leichten Kreuzers *Nagara* mit vier Zerstörern vorausgeschickt, um ihn weit vor der Beschießungsgruppe aufklären zu lassen. Kondo wollte sich im Hintergrund halten, bis er sicher wußte, daß die Küste frei war. So war das Gros, bestehend aus den schweren Kreuzern *Atago* und *Takao* sowie dem Schlachtschiff *Kirishima* mit zwei Zerstörern nicht zur Stelle, als die Schlacht ihren Anfang nahm.

Um 22.52 Uhr erreichte Admiral Lees Spitzenzerstörer *Walke* eine Position östlich von Lunga Point und führte den geplanten Schwenk nach Steuerbord durch, um anschließend genau nach Westen zu laufen. Nacheinander folgten die anderen fünf Schiffe in der amerikanischen Linie. Sobald Lees Flaggschiff die Wendung ausführte, stellte sein SG-Radar, das einen großen toten Winkel nach achtern hatte, weil es an der Vorderseite des vorderen Turmmastes und nicht auf dem Topp angebracht war, Kontakt zu Admiral Hashimotos Schiffen her. Dessen Schiffe liefen nordöstlich von Savo in den Sund ein. Es war jetzt genau 23.00 Uhr. Hoch oben in den Feuerleitständen der Schlachtschiffe hatten die Artillerieoffiziere den Gegner schnell im Visier. Um 23.16 Uhr befahl Admiral Lee: »Feuer frei, wenn Sie so weit sind!« Die Entfernung betrug etwas mehr als zehneinhalb Meilen. Eine Minute später donnerten auf der *Washington* alle neun 40,6-cm-Geschütze mit mächtigem Dröhnen los. Innerhalb der nächsten Minute folgte die *South Dakota*. Endlich taten diese beiden urzeitlichen Riesen die Arbeit, für die sie gebaut worden waren.

Gatch und den anderen auf der Brücke der *South Dakota* erschien es, als ob zwei der drei feindlichen Schiffe getroffen waren und zumindest eines in Flammen stand. Aber das war eine typische überoptimistische Illusion im Gefecht, die durch Hashimotos schnelle Reaktion genährt wurde, der sofort einen Rauchvorhang legte, als er von feindlichen Geschossen eingegabelt wurde, und sich zeitweise nach Norden zurückzog. Die erste Phase der Schlacht war schnell vorüber, ohne daß eine Seite Verluste erlitten hatte.

Jetzt eröffneten die amerikanischen Zerstörer mit der *Walke* an der Spitze die zweite Phase der Auseinandersetzung. Sie hielten auf einen Punkt südlich von Savo zu, als die einsame *Ayanami* von der anderen Seite um die Insel herankam. Das Feuerleitradar der *Walke* griff den japanischen Zerstörer auf, das Feuer wurde eröffnet. Nur Sekunden später fielen die drei anderen Zerstörer ein. Dann orteten die Amerikaner Kimuras Aufklärungsgeschwader, den Kreuzer *Nagara* mit vier Zerstörern, die von Norden herankamen, und nahmen es unter Feuer. Aber die Japaner schossen wütend zurück, während sie sich in günstige Positionen zu manövrieren suchten, um ihre tödlichen weitreichenden Long-Lance-Torpedos abzufeuern.

Das erste Schiff überhaupt, das getroffen wurde, war die *Preston*. Wahrscheinlich erhielt sie Treffer von der 14-cm-Hauptartillerie der *Nagara*. Innerhalb weniger Minuten stand der Zerstörer in Flammen und begann zu sinken. Die Mehrzahl der Besatzung war tot, die Überlebenden verließen hastig das Schiff. Kurz darauf wurde der Bug der *Walke* weggeschossen, auch sie mußte aufgegeben werden und sank. Die verbliebenen zwei Zerstörer, die *Gwin* und die *Benham*, wurden schwer beschädigt und mußten sich bald vom Gefechtsfeld zurückziehen. Aber die *Ayanami* zahlte den Preis dafür, daß sie das nächststehende und am besten sichtbare japanische Schiff gewesen war. Die 12,7-cm-Batterien der *South Dakota* und die *Washington* zogen den japanischen Zerstörer aus dem Verkehr. Kimuras Aufklärungsgruppe zog sich derweil nach Westen zurück und ließ die *Ayanami* antriebslos und brennend zurück.

Und so hatte, obwohl die Großkampfschiffe der beteiligten Streitkräfte noch gar nicht eingegriffen hatten, Admiral Lee seine Zerstörereskorte vollständig verloren. Aber dieses Opfer hatte ihn mit Sicherheit davor bewahrt, selbst Torpedotreffer zu erhalten. Er besaß jetzt nur noch seine zwei Schlachtschiffe und mußte beweisen, ob sich Halseys gewagter Einsatz gelohnt hatte.

Um 23.30 Uhr fielen das Radar, der Funk und das Feuerleitsystem auf der *South Dakota* aus. Es war, »als wären einem die Augen verbunden«, schrieb Gatch später. Ein Kurzschluß in einem der Schaltschränke im Maschinenraum hatte den größten Teil der elektrischen Energie lahmgelegt. Die Elektriker versuchten den Fehler schnellstens zu finden und zu beheben, aber die Kanonen mußten schweigen. Captain Gatch hatte den Überblick über die verzwickte taktische Lage in einem kritischen Moment verloren. Die Schlacht war gerade 20 Minuten im Gange.

Auf der Brücke der *Washington* hatte Commander Hunter keine Zeit, sich Gedanken über den plötzlichen Abbruch der Funkverbindung mit der *South Dakota* zu machen. Als Wachoffizier war es seine Aufgabe, das Schiff aus Schwierigkeiten herauszuhalten, doch gerade voraus war eine solche. Genau im Kurs von der *Washington* lagen die brennenden und sinkenden amerikanischen Zerstörer. Das Wasser war übersät mit Seeleuten, die die Schiffe schon verlassen hatten. Bei einer Fahrt von 26 Knoten blieb wirklich nicht viel Zeit, verschiedene Möglichkeiten zu durchdenken. Hunter erinnert sich nur daran, daß er dem Rudergänger befahl: »Backbord! Backbord!« Sein Ziel war es, die brennenden Schiffe zwischen sich und den Gegner zu bringen. Der Rudergänger folgte dem Befehl, und das Schiff verfehlte die Hindernisse knapp, bevor es wieder auf Westkurs ging.

Das Radarbild erschien gerade wieder auf der *South Dakota*, als sie nach Backbord drehte, um der Ausweichbewegung der *Washington* zu folgen – der Stromausfall hatte ungefähr drei Minuten gedauert. Plötzlich befahl Captain Gatch eine harte Kursänderung nach Steuerbord, wodurch die beschädigten Zerstörer an Backbord blieben. Der Grund für diese Entscheidung bleibt im Dunkeln, aber das Ergebnis war ohne Zweifel verheerend. Als das Schiff wieder auf Westkurs lag, lief die *South Dakota* zwischen den brennenden Schiffen und den angreifenden Japanern hindurch und bot so den Feuerleitoffizieren eine wunderbare, von hinten beleuchtete Silhouette. Dazu kam, daß er sich durch diese Kursänderung in den blinden Sektor Steuerbord achtern vom Radar der *Washington* manövriert hatte. Mit einem Schlag hatte es Captain Gatch fertiggebracht, sein Schiff so zu positionieren, daß der Feind ihn sah, aber Admiral Lee nicht.

Die *Washington*, hinter der jetzt die *South Dakota* etwa eine Meile Steuerbord achterlich stand, lief südwestlich an Savo vorbei in freiere Gewässer, als Admiral Hashimoto wieder ins Kampfgeschehen kam. Hashimotos drei Schiffe – die *Sendai* und die beiden Zerstörer, die geschickt den amerikanischen Salven zu Beginn des Gefechts entwischt waren – hatten gewendet und kamen von Norden an der Ostseite Savos herangestürmt. Admiral Kimuras Aufklärungsgeschwader hatte sich auf Admiral Kondos Beschießungsgruppe zurückgezogen, die nordwestlich von Savo abwartete, wie sich die taktische Situation entwickelte. Um 23.40 Uhr begann die *South Dakota* Hashimotos Schiffe unter Beschuß zu nehmen, die achteraus in Sicht gekommen waren. Aber der einzig verursachte Schaden entstand am eigenen Schiff. Der hintere Turm setzte die drei Bordflugzeuge in Brand, die zusammengedrängt auf dem

Achterdeck standen. Dadurch bot sie ein noch besseres Ziel. Glücklicherweise blies die nächste Salve zwei der Flugzeuge über Bord und pustete das Feuer bei dem verbleibenden aus. In diesem außerordentlich ungünstigen Augenblick setzte ein elektrisches Problem wieder das SG-Radar der *South Dakota* außer Betrieb.

Admiral Kondo an Bord des schweren Kreuzers *Atago* glaubte noch immer nicht, daß ihm feindliche Großkampfschiffe gegenüberstanden. Er war mehr über die Meldung eines zweiten feindlichen Verbandes besorgt, der sich von Westen her nähern sollte – es war Tanakas Konvoi –, als über das feindliche Geschwader, mit dem seine Vorhut bereits im Gefecht stand, und das nach den Berichten der *Ayanami* bereits niedergekämpft war. Er war so überzeugt, daß der amerikanische Verband auf der Flucht war, daß er sich entschloß, seinen Beschießungsauftrag durchzuführen und den Kurs auf Lunga

(Links) Die vorderen Türme der South Dakota *feuern eine Salve. (Oben) Am Morgen nach der Schlacht sieht man am einzig verbliebenen Aufklärungsflugzeug die Spuren des Gasdrucks der Kanonen.*

Point abzusetzen. Er befahl Admiral Hashimoto, die Gewässer im Osten vor seinem Geschwader aufzuklären. Hashimoto gehorchte. Er ließ den Zerstörer *Uranami* vorsorglich bei der *Ayanami* zurück, die noch immer südöstlich von Savo lag. Damit zog Kondo den Kreuzer *Sendai* und den Zerstörer *Shikanami* in dem Augenblick aus dem Gefecht ab, als er ihre Hilfe hätte gut gebrauchen können. Der japanische Admiral lief jetzt auf einem annähernd konvergierenden Kurs zu den zwei amerikanischen Schlachtschiffen, die aus dem Sund südlich Savos herausdampften.

Kurz vor Mitternacht funktionierte das störrische Radar auf der *South Dakota* wieder, gerade rechtzeitig, um Kondos Geschwader vor ihrem Steuerbordbug in etwa drei Meilen Entfernung zu orten. Aber bevor die Feuerleitgeräte die Japaner auffassen konnten, führten die japanischen Scheinwerfer dem erstaunten Admiral Kondo die unverwechselbaren Umrisse des amerikanischen Schlachtschiffs vor Augen. Er befahl, sofort jeden verfügbaren Torpedo und jede Kanone auf dieses Ziel abzuschießen. Keiner der Long Lances traf, aber japanische Granaten durchschlugen ihren Turmvormast. Dadurch wurden ein großer Teil des Feuerleitpersonals und die gesamte Mannschaft im Radarplottingraum getötet, außerdem wurden die Feuerleit- und Radargeräte zerstört. Captain Gatch ließ zurückschießen, aber es schien, daß keine seiner Granaten ihr Ziel fand.

Zu der Zeit, da die ersten japanischen Salven den Aufbau der *South Dakota* perforierten, hatte Charles Carpenter seinen Frisierstuhl auf der Suche nach einem sichereren Platz an der Backbordseite des Ganges in Feuerlee verlassen. Aber ein Freund, der ihn schon die ganze Zeit genervt hatte, diesen privilegierten Sitz aufzugeben, nahm sofort seinen Platz ein. Bald danach durchschlug ein feindliches Geschoß die Steuerbordseite des Ganges und riß den Freund im Frisiersessel und einige andere mit sich.

Wie bei allen derartigen Seegefechten gibt es viele Geschichten über das Überleben um Haaresbreite. Aber auf der *South Dakota* ist die von Commander I. W. Gorton, dem Verwaltungsoffizier des Schiffes, sicher die bemerkenswerteste. Während der Schlacht war seine Gefechtsstation auf einer Laufbrücke vor der Kommandozentrale Zwei. Nachdem das Schiff unter schweres Feuer geraten war, mußte er sich in den Aufbau zurückziehen, aus dem er aber durch heißen Dampf, der einer geborstenen Leitung entwich, wieder vertrieben wurde. Kommandozentrale Zwei, etwa sechs Meter weiter hinten, schien ihm ein sicherer Aufenthaltsort zu sein, aber er hatte nur ein paar Schritte in diese Richtung zurückgelegt, als eine Granate über ihm den Panzer durchschlug. Die Erschütterung schleuderte ihn mit dem Kopf gegen das Schott. Nur sein Stahlhelm bewahrte ihn vor einer schweren Verletzung. Er richtete sich gerade mühsam wieder auf, als eine andere Granate ihn um Haaresbreite verfehlte und auf den Rücken warf. Wunderbarerweise war Gorton noch immer unverletzt. Er kroch bis auf gut einen Meter an die Kommandozentrale Zwei heran, die restliche Distanz überwand er in einem Satz.

Aber die Kommandozentrale Zwei war fast die Hölle. Aus einer undichten Leitung zischte kochend heißer Dampf in den Raum, und Feuer auf dem darunterliegenden Deck erhitzte das Deck derartig, daß ein Quartermaster, der einen Schuh verloren hatte, auf einem Fuß herumtanzte. Der Erste Offizier des Schiffes, Commander Archibald Uehlinger, stand vor einer schwierigen Entscheidung: Sollte er diesen wichtigen Posten aufgeben oder sollte er durchhalten? Von heißem Dampf, der mit Rauch vermischt war, umgeben, entschloß er sich, die Stellung zu halten. Bald war die Dampfleitung abgestellt und das Feuer ein Deck tiefer unter Kontrolle. Aber es war knapp gewesen.

Während die feindliche Beschießung weiterging, ließ Captain Gatch die Geschwindigkeit auf 27 Knoten erhöhen und kämpfte tapfer weiter. Auf Admiral Lees Anfrage: »Alles klar bei Ihnen?« erwiderte Gatch beinahe nonchalant: »Es scheint alles o.k. zu sein.« Das waren seine letzten Worte während der Schlacht. Die Funkantenne der *South Dakota* wurde weggeschossen, und das feindliche Feuer verwüstete ihre Aufbauten. In knapp vier Minuten erhielt das Schlachtschiff 27 Treffer, darunter mindestens einen von einer 35,6-cm-Granate. Ihr dicker Panzergürtel hielt, und die meisten ihrer Geschütze konnten weiterfeuern, aber sie konnten nicht sauber gerichtet werden. Um Admiral Lee zu zitieren, war sie »taub, stumm, blind und impotent«.

Während die *South Dakota* ihre Prügel bekam, nahm die *Washington* Maß und teilte die feindlichen Ziele zwischen ihren 12,7-cm- und 40,6-cm-Kanonen auf – letztere nahmen die *Kirishima* aufs Korn. Zuerst hatten ihre Zerstörer, dann die *South Dakota* als Köder gedient, so daß Lees Flaggschiff bis jetzt von Kondo nicht entdeckt worden war. Die Kreuzer *Atago* und *Takao* konnten dem feindlichen Feuer weitgehend ausweichen, aber die *Kirishima* mußte schlimme Schläge einstecken. Granaten perforierten ihren Rumpf unter der Wasserlinie, verklemmten ihre Ruder in Backbordlage und setzten zwei ihrer vier 35,6-cm-Türme außer Gefecht. Neun Minuten nach Mitternacht zog Admiral Kondo seine Kreuzer zurück, weil er offensichtlich Tanakas herannahenden Konvoi sichern wollte. Er ließ die *Kirishima* allein zurück, die hilflos große Kreise fuhr, während sich ihre Besatzung bemühte, wieder Ruder ins Schiff zu bekommen. Sobald Kondo den Konvoi ausgemacht hatte, der noch gut ab im Westen stand, wendete er sich wieder dem Gegner zu. Zu seinem Erstaunen sichtete er jetzt weiter entfernt ein zweites feindliches Schlachtschiff.

Aber dem ihm am nächsten stehenden Dickschiff, es war die *South Dakota*, galt seine erste Sorge. Er ließ Torpedos abfeuern, doch dann sah er, daß es nach Süden abdrehte.

Keiner der Torpedos traf die *South Dakota*, aber Captain Gatchs Schiff hatte bereits schwere Wunden erlitten, wenn auch keine tödlichen. Er stellte fest, daß sein mächtiges Schiff eher ein Pflegefall denn ein Aktivposten war und beschloß um 00.10 Uhr, sich zurückzuziehen. Dieser vernünftige Entschluß ließ die *Washington* alleine mit der japanischen Streitmacht zurück. Aber praktisch war die Schlacht beendet. In den nächsten 20 Minuten spielte Lee mit dem Gegner Katz und Maus, der vergeblich versuchte, ihn mit Long-Lance-Torpedos zu versenken. Schließlich entschloß auch er sich zum Rückzug. Er wollte den sich nähernden japanischen Konvoi den Jungens von der »Cactus Air Force« überlassen.

Auch Admiral Kondo zog es vor, von allen ihm möglichen Optionen die Vorsicht zu wählen. Ungefähr zur selben Zeit, als sich Admiral Lee zum Rückzug entschloß, brach Admiral Kondo die vorgesehene Beschießungsaktion ab und machte sich auf den Heimweg, um seine verbleibenden Kriegsschiffe nicht den Luftangriffen bei Tageslicht auszusetzen. Er hatte sich gegen einen machtvollen Gegner gut geschlagen. Später behauptete er, daß er zumindest ein, wenn nicht zwei feindliche Schlachtschiffe sowie zwei Kreuzer und zwei Zerstörer versenkt hätte. Der Weg für den Konvoi war jetzt frei.

Er ließ nicht nur die manövrierunfähige *Kirishima* zurück, sondern auch die bewegungsunfähige *Ayanami*. Der brennende Zerstörer hielt sich bis 02.00 Uhr. Dann war der größte Teil ihrer Besatzung von der *Uranami* übernommen worden. Die Zurückgebliebenen, der Kommandant und 30 weitere Männer, gaben das Schiff erst kurz vor dem Sinken auf und erreichten mit Booten die japanisch besetzte Küste. Inzwischen hatte sich herausgestellt, daß alle Versuche, die *Kirishima* zu retten, fruchtlos bleiben würden. Die Besatzung wurde eva-

kuiert. Sie nahm das Porträt Kaiser Hirohitos mit, das in der Offiziersmesse gehangen hatte. Kurz vor 03.30 Uhr kam das Ende für das zweite japanische Schlachtschiff vor Guadalcanal. Es kenterte nach Steuerbord und sank schnell.

Die Kanonen der amerikanischen Schlachtschiffe hatten ihre Arbeit getan. Sie hatten ein älteres, zweitklassiges japanisches Schlachtschiff und einen gegnerischen Zerstörer versenkt. Lee hatte dagegen zwei seiner vier Zerstörer, die *Preston* und die *Walke*, verloren, ein dritter, die *Benham*, war irreparabel getroffen. Der Zustand des zweiten Schlachtschiffs war bis 02.15 Uhr unklar, bis die *South Dakota* endlich ihre Funkantenne repariert hatte und sich meldete. Lee war erleichtert, als er erfuhr, daß die Beschädigungen nur oberflächlicher Natur waren und das Schiff auch in der nächsten Schlacht würde mitkämpfen können. Obwohl Lees Sieg alles andere als überwältigend war, hatte er doch die Japaner daran gehindert, Henderson Field zu beschießen. Das Schicksal von Admiral Tanakas Konvoi würde den Ausschlag für die endgültige Bewertung der Schlacht geben.

Tanaka, der in der Ferne das Mündungsfeuer der Kanonen in der Schlacht bei Savo beobachtet hatte, stand vor einer schweren Wahl. Er würde den beabsichtigten Landeplatz bei Tassafaronga kurz nach Beginn der Morgendämmerung erreichen. Die übliche Landungsprozedur würde seine Zerstörer und die verbliebenen vier Transporter bei Tageslicht den feindlichen Luftangriffen ausliefern.

Widerstrebend kam er zu der Einsicht, daß er entweder umkehren oder die Transporter auf Grund setzen mußte. Letztere Idee wurde von Admiral Mikawa, der wieder in Rabaul war, als zu radikal zurückgewiesen, aber Admiral Kondo überstimmte Mikawas Bedenken.

So liefen am nächsten Morgen kurz vor Sonnenaufgang die vier Transporter am Tassafarongastrand auf Grund, danach zogen sich Tanakas Zerstörer mit Voll-

Genau um Mitternacht legte sich die Washington *vor die beschädigte* South Dakota *und eröffnete das Feuer auf die* Kirishima.

dampf zurück. An Bord hatten sie viele Überlebende von den Schiffen, die am Vortag versenkt worden waren. Die Truppen von den aufgesetzten Transportern gelangten sicher an den Strand, aber ein großer Teil der Verpflegung und der wertvollen medizinischen Nachschubgüter wurde während der wütenden feindlichen Luftangriffe und der mindestens ebenso heftigen Beschießung durch den Zerstörer *Meade* nach Anbruch des Tages vernichtet.

*F*ür den Apothekermaaten Raymond Kanoff und die anderen Mitglieder der Sanitätstruppe an Bord der *South Dakota* begann die Schlacht erst richtig, als die Waffen verstummten und die Lautsprecheranlage die Sanitäter zum vorderen Turmmast rief, damit sie sich dort um die Verwundeten kümmerten. Kanoff watete durch knietiefes, vom Blut rot gefärbtes Wasser zum Fuß einer unbeschädigten Leiter, dann suchte er sich seinen Weg nach oben. Dabei verband er Wunden, legte Aderpressen an und verabreichte Morphium, wenn nötig. Einige der schlimmsten Verletzungen waren Verbrühungen, hervorgerufen vom kochendheißen Dampf der beschädigten Typhonleitung. Die am schwersten verwundeten Männer wurden in Segeltuchsäcke gelegt, die man mit Holzlatten versteift hatte, und mit Leinen auf das Oberdeck gefiert. Als er schließlich getan hatte, was er konnte, kehrte Kanoff zur Hauptverbandsstelle in der Offiziersmesse zurück. Dort behandelte einer der Schiffsärzte 150 Verwundete, nur von einer Handvoll Sanitätern unterstützt. Also sprang Kanoff ein.

(Oben) Rauch quillt aus den am Morgen des 15. November auf Strand gesetzten Transportern bei Kap Esperance. (Unten) Ray Kanoff, Sanitäter auf der South Dakota. *(Seite 179 oben) Schäden auf der* South Dakota. *(Seite 179 links) Besatzungsmitglieder prahlen mit falschen Erfolgszahlen: 23 Flugzeuge und drei Schiffe (der einzig nachweisbare Erfolg war die Beschädigung der* Ayanami). *(Gegenüber rechts) Captain Gatch, den Arm in der Schlinge, bei einem Trauergottesdienst.*

Bei Tageslicht kletterte er wieder in den Turm, der halb weggeschossen worden war. Dort, wo eine Granate den Funkpeilraum durchschlagen hatte, konnte er durch den ganzen Aufbau sehen. Da alle Flaggenleinen weggeschossen worden waren, wehte das Sternenbanner von der Signalbrücke. Erst jetzt traf ihn die Erkenntnis über das Geschehen mit voller Wucht.

Auf der *South Dakota* waren 39 Tote zu beklagen, dazu kamen 59 Verwundete. Die meisten Verluste waren im vorderen Aufbau eingetreten. Der Gestank des Todes hing viele Wochen in diesen Räumen, obwohl sie mit Formaldehyd ausgesprüht wurden. Einer der Überlebenden war das Schiffsmaskottchen, ein Bostonterrier mit dem Namen Rascal. Nach der Schlacht fand Captain Gatch den Hund in seiner Seekabine gleich hinter der Brücke. Er war von Trümmern umgeben und schlief tief und fest.

Der Blutzoll auf den Zerstörern lag viel höher: 117 Gefallene auf der *Preston*, 80 auf der *Walke*. Die meisten Überlebenden, viele davon verwundet, wurden am nächsten Morgen aufgesammelt. Der Kiel der *Benham* war gebrochen, der Bug weggeschossen. Sie hatte das Schlachtfeld mit eigener Kraft verlassen, war aber nicht in der Lage, auf hoher See sicher zu fahren. Deshalb wurde sie am Nachmittag von der *Gwin* versenkt.

Nach diesen dreitägigen Seegefechten beanspruchte jede Seite den Sieg für sich. Berücksichtigt man die Schäden, die während der Luftangriffe auf Tanakas Transporter eintraten, waren die japanischen Verluste wohl insgesamt etwas höher, aber eine simple Aufrechnung von versenkten Schiffen und Gefallenen ergibt kein objektives Ergebnis. Die Japaner erreichten ihre beiden grundsätzlichen Ziele nicht. Der »Tokio-Expreß« wurde darin gehindert, seine größte Ladung vollständig abzuliefern, und verlor bei diesem Unterfangen zehn wertvolle Transporter. Was noch wichtiger war: Henderson Field überlebte, die amerikanische Luftüberlegenheit über Guadalcanal war damit gesichert. Beide Seiten wußten es noch nicht, aber das Aufsetzen von Tanakas Transportern am Strand war der letzte große japanische Versuch gewesen, die Streitkräfte der Insel zu verstärken.

Mehr als 20.000 japanische Soldaten verblieben auf der Insel, aber sie schwebten in der ernsten Gefahr, daß ihnen bald selbst die notwendigsten Nachschubgüter ausgehen würden. In der zweiten Novemberhälfte machte die wachsende »Cactus Air Force« auch die nächtlichen Zerstörereinsätze immer riskanter, U-Boote übernahmen die Aufgaben des »Tokio-Expreß«. Aber ihre begrenzte Ladekapazität machte sie zu einer ungeeigneten Alternative. Als sich der November seinem Ende neigte, litten die japanischen Truppen unter dem Mangel an Lebensmitteln und medizinischen Gütern. Ein Befehlshaber der Infanterie notierte in seinem Tagebuch, daß seine gesamte Verpflegung für mehrere Tage aus einer einzigen Backpflaume bestand.

Allerdings waren die Japaner nicht so verzweifelt, daß sie ihren hartnäckigen Widerstand aufgaben, als General Vandegrift wieder seine Landoffensive aufnahm. Damit nutzte er die verringerten japanischen Aktivitäten aus, die dem Abschluß der Seegefechte folgten. In der zweiten Novemberhälfte griffen seine Truppen wieder westlich des Matanikau an. Aber die japanischen Linien hielten knapp westlich von Point Cruz stand, und dort würden seine Einheiten bis weit nach Weihnachten feststecken. Tatsächlich waren die Japaner noch lange nicht geschlagen, eine Tatsache, die durch die Ereignisse des 30. November noch unterstrichen wurde. Die letzte wichtige Seeschlacht, die in den Gewässern von Guadalcanal stattfand, war die Schlacht vor Tassafaronga in dieser Nacht.

Auslöser war ein mittelgroßer Versorgungskonvoi unter Admiral Tanakas Kommando. Die U-Boote hatten sich zur Versorgung als völlig unzureichend erwiesen, aber die Japaner improvisierten weiter. Sie entwickelten ein System, bei dem schnelle Zerstörer zum Cap Esperance vorpreschten, dort kurz stoppten und Behälter voller Lebensmittel und medizinischer Ausrüstung ins Wasser warfen, die dann von kleinen Booten eingesammelt wurden. Am 30. November, kurz vor 23.00 Uhr, kam Tanaka mit der ersten Lieferung vor Tassafaronga an – acht Zerstörer, vollgepackt mit Versorgungstonnen. Sein Verband wurde von einem weit überlegenen amerikanischen Geschwader überrascht, der aus vier schweren Kreuzern, einem leichten Kreuzer und sechs Zerstörern bestand. Der amerikanische Befehlshaber, Konteradmi-

(Oben) Bei der Schlacht von Tassafaronga am 30. November wurden die Japaner von einer Übermacht überrascht, konnten sie aber vollständig schlagen. (Außen rechts) Der schwere Kreuzer Northampton war eines der vier Schiffe, die torpediert wurden, und ging als einziges verloren.
(Rechts) Der schwere Kreuzer Penascola zeigt deutlich die Brandspuren eines durch Torpedotreffer entstandenen Feuers.

ral Carleton Wright, war neu auf diesem Kriegsschauplatz, aber er verfügte über einen guten Schlachtplan, der auch die angemessene Verteilung der mit SG-Radar ausgerüsteten Schiffe berücksichtigte. Hinzu kam, daß er die Japaner in völliger Unordnung erwischte. Trotzdem war es Tanaka, der einen entscheidenden Sieg verbuchen konnte. Alle amerikanischen Torpedos verfehlten ihre Ziele. Tanakas Zerstörer formierten sich schnell und ver-

nichteten den Feind mit ihren Long-Lance-Torpedos. Sie schossen vier amerikanische Kreuzer ab »wie laufende Enten auf einem Kirmesschießstand«. Das amerikanische Geschützfeuer brachte es nur fertig, einen japanischen Zerstörer außer Gefecht zu setzen. Als das kurze Gemetzel vorüber war, waren die schweren Kreuzer *Pensacola*, die *New Orleans*, die *Minneapolis* und die *Northhampton* von Torpedos aufgerissen. Die *North-hampton* sank in den frühen Morgenstunden. Nur schier übermenschliche Anstrengungen der Lecksicherungstrupps retteten die anderen.

Für dieses Debakel wurden verschiedene Gründe angeführt. Die amerikanischen Schießergebnisse waren mit Sicherheit schlecht, ein Problem, das mit der niedrigen Feuergeschwindigkeit der schweren Kreuzer und der mit hoher Geschwindigkeit durchgeführten Manö-

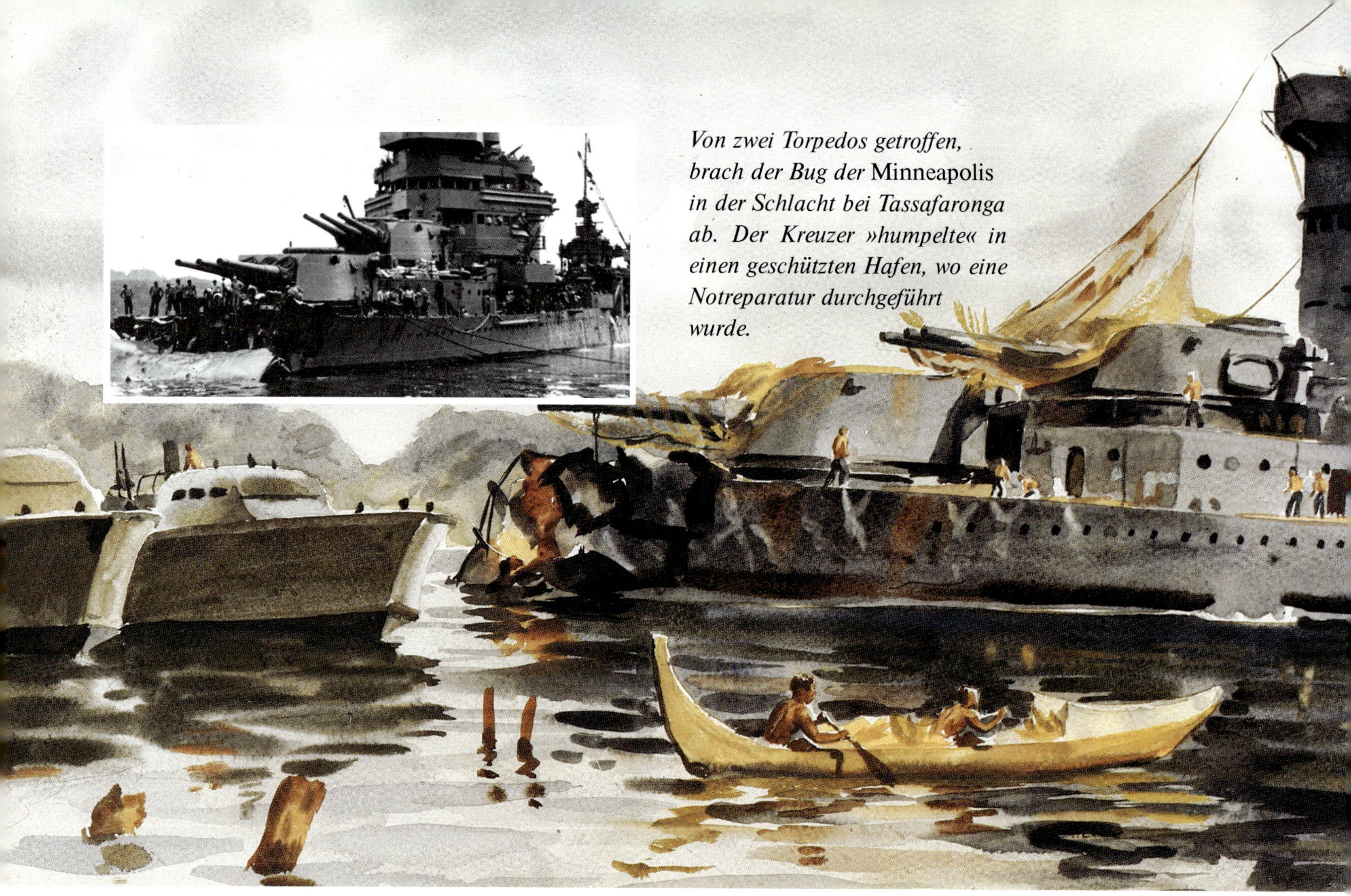

Von zwei Torpedos getroffen, brach der Bug der Minneapolis *in der Schlacht bei Tassafaronga ab. Der Kreuzer »humpelte« in einen geschützten Hafen, wo eine Notreparatur durchgeführt wurde.*

ver der Zerstörer zusammenhing. Bedeutsamer war sicherlich, daß der amerikanische Verband aus Schiffen bestand, die man aus den Überbleibseln der Schlachten Mitte November zusammengewürfelt hatte. Tanakas Schiffe dagegen kämpften nach vielfach erprobten Gefechtsmustern. Morison führt die Niederlage darauf zurück, daß den amerikanischen Zerstörern eine gleichartige taktische Unabhängigkeit nicht gestattet wurde. Er merkt an, daß es Admiral Wright in der Eröffnungsphase der Schlacht abgelehnt hatte, seine Zerstörer unabhängig angreifen zu lassen, als die Amerikaner noch nicht entdeckt worden waren. So wurde ihre beste Chance auf einen effektiven Torpedoangriff vertan. Andererseits, führt Richard Frank aus, übersieht diese Kritik grundsätzliche Probleme: »Nur die Veränderung der Formation allein konnte die dahinterstehenden Versäumnisse in der Doktrin und bei der Ausrüstung nicht heilen.« Mit anderen Worten, die Japaner waren noch immer in Nachtgefechten überlegen, obwohl die Amerikaner eine technologische Trumpfkarte in der Hand hatten – das Radar. Außerdem waren die japanischen Torpedos den amerikanischen um Lichtjahre voraus, sowohl in ihrer Zuverlässigkeit als auch in ihrer Zerstörungskraft. Wie stark sie den Stolz der amerikanischen Marine auch verletzt haben mochte, die Schlacht vor Tassafaronga veränderte die große strategische Lage nicht.

Im Dezember rüsteten sich beide Seiten für einen weiteren japanischen Versuch, die Insel zurückzuerobern.

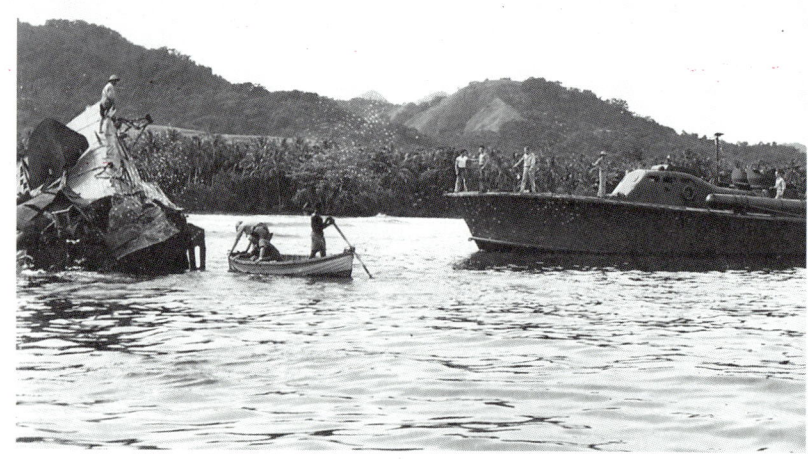

Eine Schnellbootbesatzung untersucht ein versenktes japanisches U-Boot.

Inzwischen waren mehr als 50.000 Soldaten der 17. Armee unter dem Kommando von Generalleutnant Hitoshi Imamura in Rabaul mit dem Befehl zusammengezogen worden, Guadalcanal zurückzuerobern. Der geplante Stoß würde früh im neuen Jahr erfolgen.

Aber schon die vorhandenen Truppen auf Guadalcanal schlicht am Leben zu erhalten, wurde mehr und mehr zum Problem. Die »Cactus Air Force« konnte immer besser den »Tokio-Expreß« abfangen. Auch die in Tulagi stationierten Schnellboote wurden in den nächtlichen Gefechten immer wirkungsvoller. Am 11. Dezember warf der letzte Zerstörervorstoß des Jahres Versorgungsbehälter vor Tassafaronga ab. Für den Rest des Jahres würde die dünne Nachschublinie wieder von den U-Booten unterhalten werden, was bedeutete, daß die Soldaten noch stärker unter Hunger und Krankheiten leiden würden.

Die japanischen Soldaten lebten unter zunehmend unerträglichen Umständen. Viele verhungerten oder verstarben an Krankheiten. Dadurch wurde die Kampfstärke einiger Einheiten bis auf ein Drittel reduziert. Diejenigen, die relativ gesund blieben, sahen jeden Tag immer mehr ihrer Kameraden sterben. Die Mangelernährung verursachte bei allen eine starke Schwächung. Die Männer aßen alles, was sie finden konnten – Wurzeln, Kokosnüsse, sogar Gras. Mehrere erbeutete Tagebücher schildern die Schrecken dieser Situation. Am 26. Dezember vertraute ein japanischer Soldat seinem Tagebuch an: »Wir werden das neue Jahr ohne Verpflegung begrüßen. Die Kranken stöhnen in den Lazarettzelten, jeden Tag sterben Männer. Wir befinden uns in einer völlig mißlichen Lage ... Warum nur sollen wir diesen

blauäugigen Amerikanern unterliegen? Ich beabsichtige, auf das feindliche Flugfeld zu laufen, um zwei oder drei von ihnen mein Schwert schmecken zu lassen ...!«

Im gleichen Maße, wie die Japaner auf der Insel schwächer wurden, gewannen die Amerikaner an Stärke. Nachschub und frische Armeekampftruppen strömten unablässig herein. Am 9. Dezember wurde der erschöpfte General Vandegrift von General Alexander Patch abgelöst. Am selben Tag verließen die ersten Abteilungen der 1. Marineinfanteriedivision, die seit der Landung im frühen August auf Guadalcanal gewesen waren, die Insel. Die Seeleute waren vom Zustand dieser harten Veteranen geschockt. Christian Merillat beschrieb die Szene: »Unter diesen Umständen war die Bezeichnung ›zerlumpter Seesoldatenarsch‹ völlig zutreffend für diese schwachen, von Krankheiten geschüttelten Soldaten, die in die Landungsboote marschierten, um sich dann – häufig nur mit Schwierigkeiten – an den Kletternetzen auf das Deck des Transporters zu ziehen. Fast alle hatten mehrere Pfund verloren. Hunderte hatten Malaria.« Einige waren zu schwach, um die Netze hochzuklettern, sie mußten hochgezogen werden. Anfang Januar war die gesamte 1. Marineinfanteriedivision abgezogen.

Kaum hatte das neue Jahr begonnen, war General Patch mit seinen frischen und verstärkten Truppen entschlossen, die Japaner von Guadalcanal zu vertreiben, bevor sie in größerem Maße zurückschlagen konnten. Die japanische Großoffensive jedoch sollte sich niemals realisieren lassen. Im frühen Januar akzeptierte die Kaiserliche Armee schließlich, was die Marine schon seit Wochen vorgetragen hatte: Guadalcanal war verloren. In Tokio befahl Premierminister Tojo widerstrebend, daß

Ausgemergelte Kriegsgefangene beweisen den schlechten Zustand der Japaner, als die Amerikaner die Schlinge um die Insel enger zogen.

die verbliebenen Truppen evakuiert werden und sich die Anstrengungen wieder auf die unterbrochene Offensive auf Neuguinea richten sollten. Den amerikanischen Nachrichtendiensten entging jeder Hinweis auf diesen Wechsel der Militärpolitik. So kam es, daß die Amerikaner just ihre größte Landoffensive seit ihrer Ankunft auf Guadalcanal begannen, als die Japaner sich darauf vorbereiteten, die Insel zu verlassen. Ein Zufall, der eine Art Gegensatz zu dem langen blutigen Ringen bildete. Während sich die Japaner nach Westen zurückzogen, folgten ihnen die amerikanischen Verbände in derselben Richtung. Es war irritierend, aber General Patch mußte vermuten, daß der Rückzug aus taktischen Gründen erfolgte. Sicher gruppierte sich der Feind nur um, damit er umso wirkungsvoller zuschlagen konnte. Diese Interpreta-

(Oben) Im Januar 1943 stießen die Marines und Heeresverbände an der Nordküste schnell nach Westen vor. Als sie aber Kap Esperance erreichten (unten), begrüßten sie nur die Hulken gestrandeter Transporter.

tion wurde im späten Januar durch Meldungen über verstärkte Marineaktivitäten auf den japanischen Basen Rabaul und Buin gestützt. Exakt gleichartige Aktivitäten waren den großen Offensiven im September und Oktober vorangegangen. Tatsächlich verkehrte der »Tokio-Expreß« jetzt aber in der Gegenrichtung.

Während der ersten sieben Februartage wurden fast 11.000 ausgemergelte und kranke japanische Soldaten auf schnellen Zerstörern mit drei großen Evakuierungsfahrten von der Insel geholt. Bis zum Schluß glaubten die Amerikaner, daß die Zerstörer frische Kräfte anlandeten und keine abtransportierten. Am 8. Februar betraten die ersten amerikanischen Soldaten den Strand von Kap Esperance und fanden ihn von aufgegebenen Booten und Vorräten übersät vor. Am 9. Februar war General

Patch überzeugt, daß die Japaner abgezogen waren, und schickte seine hochwillkommene Meldung an Admiral Halsey: »Ich schätze mich glücklich, Ihnen gehorsamst in Ausführung Ihrer Befehle melden zu dürfen . . . daß der ›Tokio-Expreß‹ auf Guadalcanal keine Haltestelle mehr hat.« Das war fast genau sechs Monate, nachdem der erste Stiefel eines Seesoldaten knirschend den grauen Sand von Beach Red betreten hatte.

RUINEN DES EMPIRE

Nördlich von Savo liegt das traurige Wrack des Schlachtschiffs *Kirishima* mit der Oberseite im Schlamm. Ihr Verlust und der der *Ayanami* im zweiten Teil der Seeschlacht vor Guadalcanal bedeuteten den Wendepunkt im Ringen um Guadalcanal.

Zwei japanische Schiffe sanken während der zweiten Phase der Seeschlacht: Der Zerstörer *Ayanami* und die *Kirishima*, ein Schlachtschiff der Kongoklasse. Wir entdeckten die *Ayanami* durch Zufall, als wir ein Sonarziel untersuchten, von dem wir annahmen, daß es entweder die *Astoria* oder die *Vincennes* wäre, Kreuzer, die in der Schlacht von Savo versenkt worden waren. Der japanische Zerstörer bot einen seltsamen Anblick. Das Heck stand aufrecht auf dem Vorschiff. Der Bug war abgebrochen und lag so auf der Steuerbordseite, als hätte ein Riese das Schiff verdreht. (Wahrscheinlich war der Rumpf bis zum Aufprall am Grund heil gewesen und

(Oben) Unser Kriegsschiff-experte Chuck Haberlein (rechts) beobachtet vom Meeresgrund überspielte Bilder. (Unten) Taucher bereiten die Sea Cliff *für einen Tauchgang vor.*

Nach dem Fieren der
Scorpio *(ganz oben) foto-*
grafiert sie ein Taucher
(oben) unter Wasser.
(Rechts) Die Sea Cliff
wird im Hangar für einen
Nachteinsatz vorbereitet.
Batterieprobleme kürzten
unseren ersten Tauchgang
zur Kirishima *ab.*

dann an den durch die Torpedotreffer geschwächten Stellen auseinandergebrochen).

Die *Kirishima* fanden wir ganz in der Nähe der vermuteten Position – nur eine Meile von der Stelle entfernt, die der japanische Navigator als Untergangsort angegeben hatte. Ihre Entdeckung war einfacher, als sie zu fotografieren. Als die *Sea Cliff* beim ersten Tauchgang vor Ort war, hatte die starke Strömung Schwebstoffe aufgewühlt, was das Manövrieren erschwerte und die Sicht minderte. Wir befürchteten, daß wir uns am zerstörten Aufbau verhaken könnten.

Bei der langsamen Annäherung an die Backbordseite des Bugs schälte sich nach und nach eine Stahlwand aus dem Teilchennebel. Aber etwas stimmte nicht: der Rumpf lag kieloben. Das bedrückendste Bild war der Anblick ihrer riesigen Propeller und Ruderblätter, die hilflos nach oben ragten, mit einer Ankerkette gefesselt.

Es hatte den Anschein, als wolle das große Schlachtschiff schamvoll sein Gesicht verstecken.

Ein Problem mit den Batterien der *Sea Cliff* zwang uns, vorzeitig aufzutauchen, aber der kurze Anblick hatte genügt. Nie hatte ich ein Wrack wie dieses gesehen. Es mag sein, daß der ungewöhnlich hohe Aufbau der *Kirishima*, ein Merkmal japanischer Schlachtschiffe, verhindert hatte, daß sich das Schiff beim Sinken aufrichtete wie bei anderen Schiffen auch, die ich in tiefem Wasser gefunden hatte. Doch es gibt noch eine andere Erklärung: Der Bug der *Kirishima* kann durch eine Explosion im Magazin unter dem vorderen Aufbau abgebrochen sein. Solch eine Explosion kann möglicherweise verhindert haben, daß sie aufrecht sank.

Von all den verlorenen Schiffen auf dem Grund des Eisensunds bietet die *Kirishima* das traurigste Bild.

KIRISHIMA

Tödlich getroffen in einem der letzten Gefechte Schlachtschiff gegen Schlachtschiff der Geschichte blieb die *Kirishima* als treibendes Wrack zurück. Heute liegt sie zerbrochen und kieloben auf dem Grund.

(Oben) Einer der riesigen Propeller, um den sich eine Ankerkette gewickelt hat. (Unten) Das Gewicht des hohen Turmaufbaus könnte der Grund sein, warum das Schiff nicht aufrecht sank. (Seite 190) So sieht die Kirishima heute aus. Bug und Achtersteven fehlen.

AYANAMI

In der Nacht des 14. November allein vorausgeschickt, kam die *Ayanami* unter Beschuss der Schlachtschiffe *South Dakota* und *Washington*, die sie brennend und hilflos zurückliessen.

(Rechts) Das war die Ayanami. (Ganz oben) Einer ihrer Hecktürme. (Oben) Der vordere Turm liegt mit der Bug-sektion auf der Seite. (Oben rechts) Geschützfeuer und Korrosion haben die Seite eines Torpedoleitstandes auf-gerissen. Die Long-Lance-Torpedos werden mit einem Rad gerichtet (links).

(Einsatz) Die Ayanami *vor dem Krieg im Hafen. Auf der rechten Heckseite ist das japanische Schriftzeichen »A« klar erkennbar. (Links) Das aufgemalte Zeichen hat 50 Jahre überstanden.*

KAPITEL SIEBEN

ABSCHIED VON GUADALCANAL

14. August 1992

Es waren die Nächte auf dem Eisensund, die mich wirklich berührten. Am Tag bilden seine blauen Wasser, die von üppig grünen, hügeligen tropischen Inseln eingefaßt werden, eine Szenerie, die man schwer mit den Geschichten der blutigen Kämpfe an Land, in der Luft und auf See in Einklang bringen kann. Es ist wahr, die Sonne kann mörderisch heiß brennen, aber jetzt ist diese Hitze eher ein Vorteil, ein Teil dessen, was Guadalcanal zunehmend als Urlaubsziel für die australischen Touristen interessant macht. Auch waren wir am Tag immer damit beschäftigt, zu den Wracks zu tauchen, die wir gefunden hatten. Dabei hatten wir gegen Strömungen, Sedimentaufwirbelungen und technische Pannen zu kämpfen – die übliche Plackerei einer Unterwasserexpedition. Am Abend holten wir die Geräte zurück an Bord und machten uns auf eine neue Sonarjagd nach den Schiffen, die wir noch zu finden hofften. Nachts wurde das Schiff ruhig, nur das Brummen der Maschinen blieb. Es war die Zeit zum Nachdenken.

Nach jedem »Technicolor«-Sonnenuntergang verschwanden die umliegenden Inseln schnell in der Dunkelheit, und eine kühle Brise kam auf, die oft mit dem Duft der tropischen Blumen geschwängert war. Dann war es möglich, sich erschöpfte Seeleute vorzustellen,

Die Trümmer des Krieges vor dem heutigen Beach Red.

Die Silhouette der Laney Chouest. *(Einsatz) Die* Sea Cliff *wird über Nacht an Bord geholt.*

die stundenlang unter Deck hinter den Panzerplatten der Kriegsschiffe eingeschlossen gewesen waren, die jetzt einen kurzen Gang aufs Oberdeck machten, bevor sie wieder auf die Gefechtsstationen mußten. Man konnte sich andere Männer vorstellen, die unruhig auf ihren Gefechtsstationen schliefen – wobei in einem Teil ihres Bewußtseins ständig die Frage präsent war, ob in dieser Nacht der Feind kommen würde.

In der Dunkelheit konnte man auf Guadalcanal überall kleine Lichtquellen sehen, aber Savo, das noch immer nur schwach besiedelt ist und über keine Elektrizität verfügt, verschwand einfach in der Finsternis, bis der Mond

aufging. Ich erinnere mich an eine Nacht, als eine schmale Mondsichel dem vulkanischen Kegel eine besonders teuflische Aura verlieh. Es war nicht länger das romantische, mystische Bali Hai, sondern ein bedrohlicher, unheilverkündender Ort. Dann verspürte ich etwas von der Angst, die die japanischen und amerikanischen Seeleute vor einer nächtlichen Schlacht gepackt haben mußte. Eine der Grundängste ist die vor der Dunkelheit. Wieviel schlimmer mußte sie sein, wenn sie mit der Angst vor einem unsichtbaren Feind gekoppelt war?

Ich konnte mir dann vorstellen, wie die Dunkelheit von den blendenden grünlich-weißen Lichtbalken der Scheinwerfer durchbohrt und die Stille vom Quaken der Alarmhörner und den heiseren Lautsprecherdurchsagen zerrissen wurde, die die Männer auf die Gefechtsstatio-

nen riefen. Und dann das kurze Chaos der Schlacht, die wie ein verrückter Alptraum ablief – das Krachen und Blitzen der Geschütze, das Heulen und Pfeifen der Granaten, die rote Bögen an den Himmel malten, der Übelkeit erregende Einschlag eines Torpedos, das Schreien der Verwundeten, der Ausfall von Maschinen, das treibende Schiff, brennend und rasch sinkend, Männer, die sich an leere Kartuschen oder Treibgut im warmen schwarzen Seewasser klammerten, voller Angst vor den Haien, der Rückkehr des Gegners oder vor dem, was der Morgen bringen würde.

Es waren die Nächte, in denen unsere Gedanken um die Schlachten vor Guadalcanal kreisten. Sie standen im starken Kontrast zu unserem Geschäft bei Tageslicht: modernste Technologie gegen die Elemente. Aber wenn

wir die Wracks erkundeten, lernte ich auch dort eine andere Art der Realität kennen. Wie bei der Entdeckung der *Bismarck* erfuhr ich, daß es keinen Ersatz dafür gibt, sich mit eigenen Augen vom Wahnsinn des Krieges zu überzeugen: Granatlöcher in aufgewölbten Metallplatten, Kanonen und Torpedorohre, die noch immer ausgerichtet erscheinen, als ob sie gleich feuern würden oder kläglich schief in die Gegend weisen, die zerstörte Brükke, auf der ein Kommandant oder Admiral seinen letzten Atemzug getan hatte. Die Suche nach dieser Realität war der wahre Beweggrund, der uns nach Guadalcanal gebracht hatte. Wir wollten die Bilder zum Leben erwekken, die hinter den Erzählungen in den Geschichtsbüchern standen, die Vergangenheit beleuchten. Wir wollten dieses große Unterwasserschlachtfeld der Vergessen-

UNTERWASSERSCHLACHTFELD EISENSUND

Insgesamt entdeckten wir auf dem Grund des Eisensunds
13 Wracks zwischen den fast 50 Schiffen. Es ist das größte Unterwasserschlachtfeld der Welt. Das Bild zeigt ungefähr die Fund-
position.

HENDERSON
FIELD

1. - KIRISHIMA

2. - QUINCY

3. - AYANAMI

4. - DEHAVEN

5. - YUDACHI

6. - LAFFEY

7. - CANBERRA

8. - NORTHAMPTON

9. - CUSHING

10. - BARTON

11. - MONSSEN

12. - ATLANTA

Der Zerstörer DeHaven, am 1.2.1943 von japanischen Bombern versenkt, ging als letztes Kriegsschiff vor Guadalcanal verloren.

(Ganz oben) Ihr Backbordpropeller (links und oben) und eins ihrer Geschütze heute. (Unten) Die DeHaven vor der Insel Savo.

heit entreißen, die gesunkenen Schiffe noch einmal zum Leben erwecken. Die Expedition unterschied sich von anderen, die ich vorher unternommen hatte. Wir erkundeten mehr als 777 Quadratkilometer Seeboden. Diese Fläche ist größer als die bei der Suche nach der *Titanic* und der *Bismarck* untersuchten Gebiete zusammengenommen. Wir fanden die Wracks von 13 Schiffen, eindeutig identifizierten wir davon zwölf. Unsicherheit besteht bei einem, bei dem es sich entweder um die *Little* oder die *Gregory* handeln kann. Wir entdeckten das erste Schiff, auf das in der Schlacht bei Savo geschossen worden war, den australischen schweren Kreuzer *Canberra*. Und wir fanden auch die letzte schwere Einheit, die während der Marathonseeschlacht vor Guadalcanal gesunken war, das Schlachtschiff *Kirishima*. Einge Wracks waren in bemerkenswert gutem Zustand, bedenkt man die Schläge, die sie hatten einstecken müssen, und andere waren fast bis zur völligen Unkenntlichkeit zerrissen worden.

Viele der Wracks befanden sich nicht dort, wo wir sie vermutet hatten. Die *DeHaven* beispielsweise, gesunken Anfang Februar 1943, als der Kampf um Guadalcanal fast vorüber war, war eine völlige Überraschung. Wir suchten gar nicht nach ihr und fanden sie drei Meilen von dem Ort entfernt, wo sie gesunken sein sollte. Solche Fehler sind allerdings kaum verwunderlich. In den Hitze der Schlacht haben die Navigatoren kaum Zeit, sich Gedanken über den exakten Versenkungsort eines Schiffes zu machen. Und es gab auch einige Enttäuschungen. Wir suchten das Schiff von Michiharu Shinya, die *Akatsuki*, die in den frühen Morgenstunden des 13. November versenkt worden war, aber fanden es nicht. Es ist vorstellbar, wie Shinya selbst ausführte, daß das Schiff, welches wir aufgrund des japanischen »A« am Heck als die *Ayanami* identifizierten, das Schiff war, auf welchem er gedient hatte. Aber unsere beiden historischen Sachverständigen, Richard Frank und Charles Haberlein, blieben davon überzeugt, daß der Fundort des Schiffes zu weit von der Position entfernt liege, an der die *Akatsuki* gesunken sein soll.

Anders als bei unseren früheren Expeditionen hatten wir vor Guadalcanal das Glück, Überlebende der Schlacht an Bord zu haben. Das brachte eine zusätzliche emotionale Dimension in die Erfahrung bei den Begegnungen mit diesen »Gespenstern« der Vergangenheit. Ich war besonders von dem Kontrast zwischen den modernen Seeoffizieren an Bord beeindruckt – alles Offiziere von U.S.-Unterseebooten – und den Veteranen, die an

(Oben) Vier Veteranen auf der Laney Chouest (von links nach rechts): Roy Vyehata, Armeeveteran, Michiharu Shinya von der Akatsuki, Bert Warne von der Canberra, Stewart Moredock von der Atlanta. (Links) Dr. James Cashman mit seiner Cushing-Baseball-mütze. (Rechts) Bert Warne, Michiharu Shinya und Stewart Moredock vor der Sea Cliff.

den Schauplatz eines fernen Krieges zurückgekehrt waren. Die U-Bootleute waren draufgängerische Pfadfindertypen. Ich vermute, daß sie sich nur wenig von den 19- oder 20jährigen Seeleuten auf beiden Seiten unterschieden, die 1942 in die erste Schlacht ihres Lebens fuhren, ohne etwas über das wahre Gesicht des Krieges zu wissen.

Gott sei Dank haben diese jungen Marines niemals die Erfahrungen einer echten Schlacht durchmachen müssen. Sie schleppen nicht die Erinnerungen eines Bert Warne, Jim Cashman, Stewart Moredock und Michiharu Shinya mit sich herum. Aber trotz dieses Unterschiedes zwischen jung und alt verstanden sich die Generationen hervorragend.

Unsere alltägliche Technologieschlacht war nicht zu vergleichen mit den Kämpfen, die diese vier Männer während ihres Bordaufenthalts wieder durchlebten. In dieser Beziehung hat sich mir besonders eine Episode eingeprägt. Wir hatten mehrfach vergeblich versucht, mehr als schlammige Bilder von Moredocks Schiff, der *Atlanta* zu bekommen, dem einzigen Flachwasserwrack, das wir untersuchten. Es liegt auf ca. 100 m Wassertiefe dicht unter der Küste, eine Situation, die es nicht leichter macht, gute Fotos zu bekommen. Die Tidenströme waren zu stark und die Sedimentbelastung zu groß, um wirklich gute Bilder oder Videos zu bekommen. Das war eine Enttäuschung für uns, denn wir wollten, daß er noch einmal einen Blick auf die Brücke der *Atlanta* werfen konnte, vielleicht auch auf die Stelle, wo er mitangesehen hatte, wie Admiral Norman Scott seinen letzten Schritt tat.

Ich war selbst in einer draufgängerischen Pfadfinderstimmung, als ich die Kopfhörer aufsetzte und das Gespräch mithörte, das Robby Kenner, Leiter von National Geographic, mit Moredock an diesem Tag über unsere Expedition führte. Bis zu diesem Augenblick hatte ich mich mit unseren technologischen Schwierigkeiten beschäftigt. Als ich mich in das Gespräch einschaltete, wechselte meine Stimmung schlagartig.

Moredock sprach darüber, daß seine Entscheidung zur Fahrt nach Guadalcanal den Schlußpunkt eines langen Prozesses darstellte, in dem er versucht hatte, mit seinen Kriegserfahrungen ins reine zu kommen. Fast 50 Jahre lang hatte er versucht, sich von jeder Verbindung mit der Marine oder Guadalcanal fernzuhalten. Wenn ihn seine Kinder fragten, was er im Krieg gemacht hätte, wurde er schweigsam. Er lebte sein Leben als Mathematikprofessor an der Universität von Sacramento und versuchte, den November 1942 zu vergessen. Schrittweise jedoch beobachtete er einen Wandel in seiner Haltung. In den vergangenen Jahren hatte ihn ein innerer Zwang gepackt, sich mit der Vergangenheit auseinanderzusetzen. Er hatte sogar Japan besucht, um dem früheren Feind ins Gesicht zu blicken – und herausgefunden, daß es ein menschliches Gesicht war. Als er an Bord unseres Schiffes kam, traf er auf Michiharu Shinya, den Torpedooffizier der *Akatsuki*, von dem er mit einiger Wahrscheinlichkeit annehmen konnte, daß er die Torpedos abgefeuert hatte, die die *Atlanta* so frühzeitig aus der Schlacht geworfen hatten. Beide Männer hassen heute den Krieg. Es könnte sein, daß sie sich selbst sogar als Pazifisten bezeichnen würden. Während seiner Zeit im Gefangenenlager auf Neuseeland begann Shinya die Bibel zu lesen. Schließlich trat er zum Christentum über. Als er nach Japan zurückkehrte, wurde er Geistlicher der United Church of Christ. Trotzdem war es für beide Männer schwer, alles zu vergeben und zu vergessen.

Das Eis zwischen ihnen schmolz ziemlich schnell. Zuerst erzählte Shinya Moredock, daß seines Wissens nach die *Akatsuki* in dieser Nacht überhaupt nicht zum Schuß gekommen sei – gewiß nicht mit ihren Torpedos –, also konnte es nicht sein Schiff gewesen sein, das die *Atlanta* zerstört hatte. Dann beglückwünschte er Moredock zu den guten Schießleistungen der *Atlanta*, denen er die Versenkung der *Akatsuki* zuschrieb. Nicht, daß das im Grunde eine Bedeutung gehabt hätte. Aber sobald sie anfingen, miteinander zu reden, fanden sie heraus, daß es mehr Verbindendes als Trennendes zwischen ihnen gab. Sie waren Männer derselben Generation, die im selben Krieg gekämpft und darunter schwer gelitten hatten.

Jetzt hörte ich zu, wie Moredock die Fragen des Interviewers beantwortete. Durch ihn begann ich, jene schreckliche Nacht mitzudurchleben. Als er von dem jungen Mann auf der benachbarten Tragbahre sprach, der sich umgedreht und ihn so friedlich angelächelt hatte, um dann zu sterben, brach Moredock zusammen und weinte. Ich stellte fest, daß auch mir Tränen die Wangen herunterliefen.

Die Tatsache, daß wir Überlebende an Bord hatten, brachte uns das wahre Gesicht des Krieges viel näher und auch die Veränderungen, die er in den Leben der Beteiligten bewirkt hatte. In diesem Buch haben wir die meiste Zeit damit verbracht, zwei große Seeschlachten zu beschreiben. Aber es gibt eine andere ungeschriebene Geschichte über das, was mit den Männern nach dem kurzen betäubenden Augenblick der Schlacht geschah.

Man könnte ein ganzes Buch damit füllen, was den Männern nach der Schlacht widerfuhr. Hier ein paar kurze Einblicke. George Faulkner, der »fröhliche Müllkutscher« von der *Canberra*, hatte gerade seine Wache im Maschinenraum beendet und sich in die Hängematte gerollt, als die Schlacht bei Savo losging. Faulkner überlebte sie, ohne einen Kratzer abbekommen zu haben, aber sein bester Freund an Bord, Billy O'Rourke, wurde getötet. Als die Crew nach Sydney zurückkehrte, besuchte Faulkner Billys Freundin, um ihr die Nachricht zu überbringen. Drei Jahre später heirateten sie.

Eine andere Facette trägt Bill Montgomery von der *Quincy* bei. Er wurde während der Schlacht verletzt und verbrachte die Nacht treibend auf einem Korknetz, seinen Kopf in den Schoß eines anderen Seemanns gebettet. Montgomery erholte sich von seiner Verwundung und kehrte in den aktiven Dienst zurück. Schließlich verschlug ihn der Krieg nach Oran in Nordafrika, wo er Schiffe reparierte und sich darauf vorbereitete, an der Invasion Siziliens als Teil eines Strandbataillons für die Nachschubunterstützung teilzunehmen. Diesmal hatte er Glück. Er wurde ein Star der örtlichen Basketballmannschaft der Marine und war deshalb zu wertvoll, um den Risiken einer Invasion ausgesetzt zu werden. Seine Mannschaft gewann die Ligameisterschaft, und er war einer der vier Mitglieder, die für das All-Star-Team ausgesucht wurden, das die Marine bei den alliierten Spielen in Nordafrika repräsentierte.

Wer so schwere Verwundungen wie Stewart Moredock davon getragen hatte, für den war der Krieg definitiv zu Ende, nachdem sein Schiff gesunken war. Aber viele andere kehrten zurück und nahmen an den folgenden Schlachten des pazifischen Feldzugs teil: Tarawa, Guam, Leyte Golf, Iwo Jima, Okinawa, um nur einige zu nennen. Bert Warnes Lungen erholten sich nie ganz von seinem Ausbruch durch die verqualmten Zwischendecks der *Canberra*, aber auch er kehrte in den aktiven Dienst zurück, diente auf U-Bootjägern und Seenotrettungsfahrzeugen. Nach dem Krieg blieben

(Oben) Warne und Moredock mit einer der Gedenkplaketten, die wir auf den Wracks hinterließen. Diese wurde auf die Canberra *gebracht zum Gedenken an alle Schiffe, die in der Schlacht vor Savo sanken.*

wenige Männer in der Marine. Lloyd Mustin kommandierte bald seine eigenen Schiffe und wurde schließlich Admiral. Genau wie Butch Parker, der nur so kurz Kommandant der *Cushing* gewesen war. Aber die meisten kehrten ins bürgerliche Leben zurück. Jim Cashman von der *Cushing* konnte da wieder weitermachen, wo er aufgehört hatte. Er kehrte zu seiner Frau und der Praxis in Rawlins, Wyoming, zurück. Dort lebt er heute noch.

Das waren ein paar Bemerkungen zu den Überlebenden. Dieses Buch will aber denen seinen Respekt erweisen, die gefallen sind. Ebenso wie ihre Geschichten habe ich Bilder von Guadalcanal zurückgebracht, die mir vor meinem geistigen Auge stehen: Wracks, die auf dem Grund des Eisensunds liegen. Jedes dieser verlorenen Schiffe starb anders, jedes präsentiert eine andere Totenmaske. Die lange Hecksektion der *Kirishima* liegt mit der Oberseite nach unten, so wie ein besiegter Samurai in der Schmach der Niederlage sein Gesicht verhüllt. Die *Ayanami*, der kleine Zerstörer, der sich plötzlich der gesamten Einsatzgruppe Admiral Lees gegenüber gesehen hatte, ist zwar erstaunlich intakt, aber in sich verdreht. Das Heckteil steht aufrecht, die Bugsektion liegt auf der Seite. Die *Canberra* ist schwer beschädigt, wirkt aber würdevoll, »immer noch eine Lady«, um mit den Worten Bert Warnes zu sprechen, der sie mit uns zum ersten Mal seit fünfzig Jahren wiedersah. Das 30 m lange Bugteil des Zerstörers *Barton* ist das traurigste Überbleibsel von allen. Er hatte sich einfach auf die Seite gelegt und war gestorben. Die *Quincy* ist, wie es sich für das Schiff gehört, von dem die Japaner sagen, daß es in der Schlacht bei Savo den härtesten Kampf abgeliefert hat, am besten erhalten und das spektakulärste Wrack. Die Brücke ist noch an Ort und Stelle, allerdings sind die Nocken nach vorne gefallen, und die Plattform des Entfernungsmessers oben auf dem Brückenaufbau ist nach oben und hinten abgehoben. Sie sieht noch immer gefährlich aus, scheint noch immer bereit zum Kampf zu sein.

Der *Quincy* verdanke ich auch das eindrucksvollste Bild der ganzen Expedition. Am 10. August,

Der Eisensund ist eindrucksvoll, aber die Insel hat ihre eigenen Erinnerungsstücke des Krieges. (Ganz oben) Dieser Lighting-Jäger gehört dem Inselmuseum. (Oben) Ein erbeutetes japanisches Feldgeschütz und (unten) ein ausgebrannter amerikanischer Tank auf der Insel.

Nicht nur auf Guadalcanal und den tiefen Gewässern des Sundes sind die Narben der Schlacht sichtbar. Auch in den seichten Gewässern liegen Erinnerungsstücke wie der Wildcat-Jäger (rechts) oder der leichte Kreuzer Atlanta (unten). Als frühes Opfer der Schlacht bei Guadalcanal liegt er jetzt auf der Seite in einer Unterwasserschlucht.

fast 50 Jahre auf den Tag genau nach ihrer Versenkung, war ich in der Kameraplattform der *Sea Cliff*, mit der wir unseren ersten Fototauchgang über das Wrack der *Quincy* machten. Als wir vor der Brücke schwebten, stand die *Scorpio* seitlich versetzt dahinter, so daß ihre Scheinwerfer goldene Lichtbalken durch die Brückenfenster zu uns sandten – ein unheimliches Symbol der aufgehenden Sonne, durch die der Kreuzer versenkt worden war.

Schlachtfelder an Land haben mich immer fasziniert, und ich habe in Amerika viele aufgesucht, sei es dasjenige des Unabhängigkeitskrieges oder des Bürgerkriegs: Saratoga und Fort Ticonderoga, Gettysburg, Vicksburg und Bull Run, um nur einige zu nennen. Ich war am Little Big Horn, wo Custer seinen berühmten letzten Kampf ausgefochten hatte. Wenn ich diese Orte erkunde, dann sehe ich die Kämpfe vor mir, kann förmlich in die Fußstapfen der Männer treten, die sie ausfochten.

Bei einem Seeschlachtfeld ist das anders, besonders wenn in einem Gebiet mehrere Gefechte stattfanden. In gewissem Sinne ist alles noch genauso chaotisch und durcheinander wie die Schlacht selbst verlaufen war. Niemand hat den Friedhof in einen gepflegten Park verwandelt oder Inschriften in die Grabsteine gemeißelt. Aber es ist ein ruhiger und besinnlicher Ort.

James Michener, der Guadalcanal ein paar Jahre nach dem Krieg besucht hat, schrieb: »Für mich – und für viele wie mich – hat Guadalcanal eine Bedeutung, die schwer zu beschreiben ist.« Besonders intensiv führt Michener aus, wie diese »stinkende« Insel für ihn und seine Generation zum Ort der Bewährung wurde. Ein Ort, an dem junge amerikanische Soldaten und Seeleute das Vorurteil widerlegten, das die Japaner letztlich zu ihrem eigenen Nachteil von ihnen gehegt hatten, nämlich, daß sie zu weich erzogen worden wären, um für den Krieg zu

taugen. Sicherlich kann man bezweifeln, ob sich die heute 19- oder 20jährigen genauso gut im Dschungel oder auf See gegen einen gleichermaßen unerbittlichen Feind schlagen würden. Vielleicht. Vielleicht auch nicht. Samuel Eliot Morison, Dekan der amerikanischen Marinehistoriker des Zweiten Weltkriegs, kommt der Wahrheit wohl am nächsten, wenn erschreibt: »Für uns, die wir dabei waren oder deren Freunde dabei waren, ist Guadalcanal kein Name, sondern Emotion.«

Es erscheint mir angemessen, daß die letzten Worte hier von einem Mann stammen, der bei Guadalcanal gekämpft hat: Stewart Moredock. »Mein Entschluß, nach Guadalcanal zurückzukehren, entsprang keiner plötzlichen Laune, sondern war ein langsamer Prozeß, der sich über mehrere Jahre hinzog. Trotzdem zögerte ich mit der Rückkehr, denn ich fürchtete in eine Entwicklung hineingezogen zu werden, die den Krieg zu einem Spiel

macht, ihn glorifiziert, was mich dazu zwingen könnte, in die Maskerade eines Helden zu schlüpfen. Ich bin kein Held. Es widerfuhr mir, daß ich hier war. Es widerstrebte mir, hierher zurückzukommen. Aber schließlich überredete mich meine Familie. Eines meiner Kinder drückte es so aus: ›Dad, ich denke du bist reif dafür.‹

Ich erinnere mich, wie ich vor dem japanischen Denkmal auf dem Mount Austen stand, einem Platz, von dem man die ganze Bühne überblicken kann: Savo, Kap Esperance, Lunga Point, Henderson Field. Er erschien so klein und unbedeutend, dieser Ort, an dem in kohlrabenschwarzen Nächten so viele Schlachten gekämpft worden waren. Das japanische Denkmal ist allen Veteranen beider Seiten gewidmet, die Inschrift sowohl in Japanisch als auch in Englisch verfaßt. Als ich von dort oben über den Eisensund blickte, überkam mich ein Gefühl heilsamer Aussöhnung.«

(Links) Stewart Moredock besucht das amerikanische Ehrenmal auf dem Mount Austen. Zum 50. Jahrestag des Feldzugs wurde ein neuer Gedenkstein eingeweiht.

Veteranen aus vielen Nationen nahmen teil (unten, oben und Mitte rechts). Auch Küstenbeobachter Martin Clemens (rechts) ist gekommen. Er begrüßt hier einige seiner Scouts.

211

EIN KÜNSTLER AUF GUADALCANAL

Die Bilder des Schlachtenmalers Dwight Shepler

Dieses Buch zeigt eine Auswahl von Bildern des Schlachtenmalers Shepler. Seine Spezialität waren Segel- und Skibilder. Shepler meldete sich nach Pearl Harbour zur Marine, in der Annahme, den Pinsel aus der Hand legen zu müssen. Statt dessen wurde er offizieller Schlachtenmaler. Shepler ging zu Halseys Südpazifik-Flotte. Während der Schlacht im Oktober 1942 vor den Santa-Cruz-Inseln war er auf dem Kreuzer *San Juan*.

Einen Monat später kam er mit der *San Juan* nach Guadalcanal. Während der folgenden Wochen hielt er mehrere Schlüsselszenen des Ringens fest, malte aber auch Szenen des täglichen Lebens.

Er diente bis 1947 in der Navy und wurde schließlich zum Commander befördert. Bis zu seinem Tode 1972 blieb er dem Malerberuf treu.

Dwight Shepler (rechts) auf einem anderen Invasionsstrand im Pazifik bei der Arbeit. (Rechts) »Gefallenenmesse«, eines der Werke, die Shepler auf Guadalcanal malte.

(Andere Bilder von Shepler auf den Seiten: 8–9, 24–25, 94–95, 104–105, 162–163, 167, 169 und 182.)

ANHANG

Danksagungen

Es ist unmöglich, allen Menschen in der U.S.-Navy zu danken, die zum Erfolg des Vorhabens beitrugen. Aber wir wollen unseren ganz besonderen Dank richten an Admiral R. J. Kelly, Oberkommandierender der Pazifikflotte, Konteradmiral Henry C. McKinney, Befehlshaber der U-Bootflotte Pazifik, Commodore Thomas J. Elliott Jr., Kommandeur der 1. Unterseeforschungsgruppe, und Commander Robert T. Appleby, Kommandeur der Tiefseetaucheinheiten, der *Sea Cliff*-Abteilung und der Abteilung für unbemannte Fahrzeuge.

Für mich sind bei allen Expeditionen diejenigen Menschen die wichtigsten, die zur See fahren, das Risiko tragen und die entstehenden Probleme meistern. Deshalb möchte ich Kapitänleutnant Christopher Raney für seine unermüdliche Unterstützung des Projekts danken und auch seinen Männern, die er in dem zweijährigen Programm befehligte: das Sonarsuchteam von 1991 sowie die Mannschaften und Offiziere der *Scorpio* und der *Sea Cliff* von 1992. Mein Dank richtet sich auch an die Besatzungen der australischen R/V *Restless M* und der R/V *Laney Chouest*, die uns in den zwei Jahren so treu zur Seite standen.

Ich möchte Jill Schoenherr von der S.A.I.C. danken für ihre hervorragenden navigatorischen Kenntnisse und für die Ausstattung des Projekts mit modernem Navigationsgerät und Computern, mit deren Hilfe wir die gesunkenen Schiffe auf dem Grund des Eisensunds aufgespürt haben.

Ferner möchte ich unseren Ingenieuren von den Marquesas danken: Martin Bowen, Stu Harris, Emile Bergeron und außerdem David Mindell und Andy Bowen, die Wache gingen und unsere Kameras am Laufen hielten.

Es ist außerordentlich schwierig, in der finsteren Tiefe an den Wracks von Kriegsschiffen zu arbeiten, ganz zu schweigen davon, ihre Identität festzustellen. Aber Dank der hingebungsvollen Hilfe von Richard Frank und Charles Haberlein Jr., die uns bei der zweiten Expedition begleiteten, gelang es uns, die Geschichte eines jeden Schiffes zu enträtseln, die wir erzählen wollten. Die Schiffe, die während der historischen Seeschlachten verloren gingen, liegen in den Territorialgewässern der Salomonen. Ich bin sehr dankbar für die Kooperation der Regierungsstellen bei der Ausstellung der notwendigen Genehmigungen. Außerdem möchte ich Mr. Gerald Stenzel und seinen Leuten von der TRADCO danken, die uns unermüdlich mit Nachschub versorgten und dabei eine Brücke um die halbe Welt spannten.

Aber am meisten möchte ich meiner Frau Barbara danken, die sich kurz nach unserer Heirat im Dschungel von Guadalcanal wiederfand, die morgens um 02.00 Uhr Wache ging und zusah, wie ich mit einem U-Boot abtauchte. Sie hat den gewaltigen zweijährigen Organisationsaufwand bewältigt.

Schließlich wollen wir alle den zahlreichen Veteranen danken, die die historischen Ereignisse erlebt und sie während der gemeinsamen Arbeit wieder durchlitten haben, als sie ihre Geschichte für die Nachwelt erzählten.

Madison Press Books und Rick Archbold möchten für ihren Beitrag zum Buch danken:

Michiko Sakai Smart fand viele der japanischen Bilder, und Linda Goldman spürte amerikanische Fotos auf und ließ für die National Geographic Society Material in den National Archives abfotografieren. Holly Reed von den National Archives und der Record Administration gebührt unser besonderer Dank, ebenso Charles Haberlein Jr. und Edwin C. Finney Jr. am Naval Historical Center.

Alison Trinkl vom National Geographic Television in Kalifornien half uns, die Veteranen ausfindig zu machen, mit denen wir sprachen. Dank auch an Robby Kenner, dem Leiter der Spezialausgabe über Guadalcanal von National Geographics, an Maya Laurinaitis vom National Geographic Television in Washington und an Jill Shinefield vom National Geographic Television der küste, die Abzüge von vielen seltenen Bildern der Veteranen gemacht haben.

Matthew Woodhead vom Australian War Memorial und John C. Date von der Australian Naval Historical Society stellten sicher, daß der australische Beitrag zum Feldzug gebührend in Bildern gewürdigt wurde.

Die folgenden Personen halfen uns, indem sie uns für Interviews zur Verfügung standen, wichtige Informationen gaben oder uns mit einzigartigem Fotomaterial versorgten:

Ted Blahnik und Harry R. Horsman von der Association of Guadalcanal Campaign Veterans;

Irvin H. Reynolds von der Edson's Raiders Association;

Michiharu Shinya von der *Akatsuki*;

Edward Corboy, Captain Henry K. Durham, David Driscoll, Steward Moredock, Vizeadmiral Lloyd Mustin und George Petyo von der U.S.S. *Atlanta*;

Percy Ackerman, George Faulkner, Henry Hall, Dr. Kenneth Morris und Bert Warne von der H.M.A.S. *Canberra*;

James Cashman, Donald Henning, E. William Johnson und Al McCloud von der U.S.S. *Cushing*;

Bert Doughty, Joseph Hughes und Clyde Storey von der U.S.S. *Monssen*;

Nathaniel Corwin, John Giardino, Harris Hammersmith und Thomas Morris von der U.S.S. *Quincy*;

Ray Kanoff und Charles Carpenter von der U.S.S. *South Dakota*;

John A. Brown von der U.S.S. *Washington*;

Mrs. Shirley Mesimer, Witwe von Grady F. Mesimer, und Mrs. Edward Parker, die uns Bilder aus dem Besitz ihrer Männer zur Verfügung stellten.

Dank auch an Harry S. Grauberger für seine Fotografien und an Larry Weirs aus Sioux Falls, South Dakota, vom Public Works Department, der nach einem Schneefall die Straße zum U.S.S. *South Dakota* Battleship Memorial räumen ließ, damit er uns Bilder von der U.S.S. *South Dakota* schicken konnte, und auch Dank an Martin Dowding, der den Index zusammenstellte, und an Omar Lopez-Cruz von der University of Toronto Department of Astronomy.

Schließlich einen besonderen Dank für Ralph Ingram, Jr., der uns sein noch unveröffentlichtes Buch über die *South Dakota* ebenso zur Verfügung stellte wie seine Niederschriften von Interviews mit ehemaligen Besatzungsmitgliedern von der *Washington* und der *South Dakota*.

Bild- und Fotoquellen

Es wurde jede nur denkbare Anstrengung unternommen, um das gesamte Bildmaterial mit korrekten Quellenangaben zu versehen. Sollten sich trotzdem Fehler eingeschlichen haben, werden wir sie selbstverständlich bei späteren Auflagen korrigieren.

Alle Unterwasserfotos der Wracks © Odyssey Corporation.

Literaturverzeichnis

Churchill, Winston S., and the Editors of *Life*. *The Second World War*. Volume 2. New York: Time Incorporated, 1959

Dull, Paul S., *A Battle History of the Imperial Japanese Navy, 1941-1945*. Annapolis, Maryland: Naval Institute Press, 1978.

Evans, Alun. *Royal Australian Navy*. Australians at War. North Sydney, New South Wales: Time-Life-Books (Australia), 1988.

Ewing, Steve. *American Cruisers of World War II*. Missoula, Montana: Pictorial Histories Publishing, 1984.

Frank, Richard B. *Guadalcanal*. New York: Random House, 1990.

Friedman, Norman. *U.S. Cruisers: An Illustrated Design History*. Annapolis, Md.: Naval Institute Press, 1984.

Friedman, Norman. *U.S. Destroyers: An Illustrated Design History*. London: Arms and Armour Press, 1982.

Gill, G. Hermon. *Royal Australian Navy, 1939-1942*. Australia in the War of 1939-1945, Series II, Navy, Volume 1. Canberra: Australian War Memorial, 1957.

Gill, G. Hermon. *Royal Australian Navy, 1942-1945*. Australia in the War of 1939-1945, Series II, Navy, Volume 2. Canberra: Australian War Memorial, 1968.

Hamilton, John. *War at Sea*. Poole and New York: Blandford Press, 1986. Distributed in U.S. Sterling, 1986.

Hammel, Eric. *Guadalcanal: Decision at Sea, the Naval Battle of Guadalcanal, November 13-15, 1942*. New York: Crown Publishers, 1988.

Hammel, Eric. *Guadalcanal: Starvation Island*. New York: Crown Publishers, 1987.

Hara, Captain Tameichi, with Fred Saito and Roger Pineau. *Japanese Destroyer Captain*. New York: Ballantine Books, 1961.

Hersey, John. *Into the Valley: A Skirmish of the Marines*. New York: Knopf, 1970.

Howarth, Stephen. *Morning Glory: A History of the Imperial Japanese Navy*. London: Hamish Hamilton, 1983.

Hoyt, Edwin P. *Guadalcanal*. New York: Stein and Day, 1982.

Lord, Walter. *Lonely Vigil: Coastwatchers of the Solomons*. New York: Viking, 1977.

Manchester, William. *Goodbye, Darkness: A Memoir of the Pacific War*. Boston: Little, Brown, 1980.

McCoy, Michael. *Guadalcanal: Fifty Years On*. Honiara, Solomon Islands: Solomon Islands Artists Cooperative, 1992.

Merrillat, Herbert Christian. *Guadalcanal Remembered*. New York: Dodd, Mead and Co., 1982.

Mesimer, Grady F., Jr. *The History of the U.S.S. Quincy (CA-39)*. Privately published.

Morison, Samuel Eliot. *The Struggle for Guadalcanal: August 1942-February 1943*. History of United States Naval Operations in World War II, Volume V. Boston: Little, Brown, 1966.

.....*The Two Ocean War: A Short History of the United States Navy in the Second World War*. Boston: Little, Brown, 1963.

Musicant, Ivan. *Battleship at War: The Epic Story of U.S.S. Washington*. San Diego: Harcourt, Brace, Jovanovich, 1986.

Odgers, George. *The Royal Australian Navy: An Illustrated History*. Hornsby, NSW: Child and Henry, 1982.

Payne, Alan. *H.M.A.S. Canberra*. Garden Island, New South Wales: Naval Historical Society of Australia, 1991.

Shaw, Henry I., Jr., *First Offensive: The Marine Campaign for Guadalcanal*. Marines in World War II Commemorative Series. Marine Corps Historical Center: Washington, D.C., 1992.

Shepler, Dwight. *An Artist's Horizons*. Weston, Massachusetts: Fairfield House, 1973.

Shinya, Michiharu. *The Path from Guadalcanal*. Trans. by Eric Hardisty Thompson. Auckland, N.Z.: Outrigger Publishers, 1979.

Smith, Holland M., and Percy Finch. *Coral and Brass*. New York: Bantam Books, 1987.

Steinberg, Rafael, and the Editors of *Time-Life* Books. *Island Fighting*. Alexandria, Virginia: Time-Life Books, 1978.

Tregaskis, Richard. *Guadalcanal Diary*. New York: Random House, 1943.

Van der Vat, Dan. *The Pacific Campaign: World War II, the U.S.-Japanese Naval War, 1941-1945*. New York: Simon and Schuster, 1991.

Watts, Anthony. *Japanese Warships of World War II*. London: Ian Allan, 1967.

REGISTER

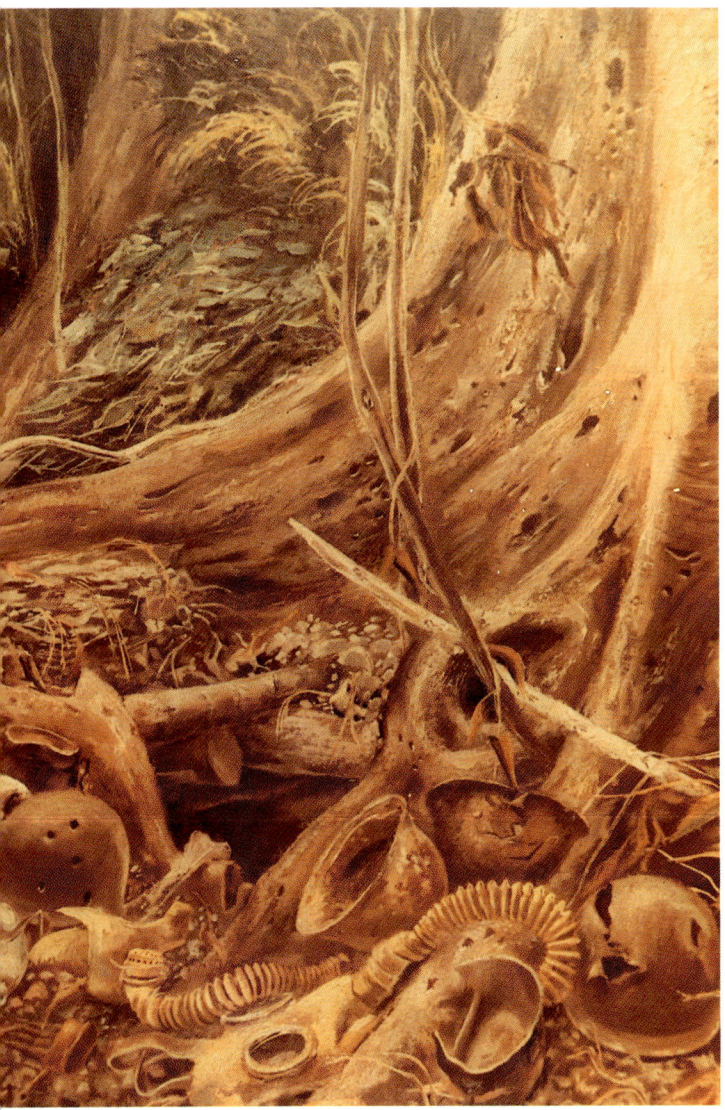

DESIGN UND KÜNSTLERISCHE LEITUNG
  Gordon Sibley Design Inc.

HERAUSGEBER
  Hugh M. Brewster

PROJEKTLEITER
  Ian R. Coutts

TEXTBEARBEITUNG
  Shelley Tanaka

HERSTELLUNGSLEITUNG
  Susan Barrable

PRODUKTIONSKOORDINATION
  Sandra L. Hall

ORIGINALGEMÄLDE
  Wes Lowe, Ken Marschall

FARBFOTOGRAFIE
  Robert D. Ballard, David Gaddis, Mike McKoy

KARTEN UND DIAGRAMME
  Jack McMaster

FARBLITHOGRAFIE
  Colour Technologies

DRUCK UND EINBAND
  Arti Grafiche Motta S. p. A.

Die Originalausgabe
THE LOST SHIPS OF GUADALCANAL
wurde von Madison Press Books
unter der Leitung von
Albert E. Cummings
produziert